MPR出版物链码使用说明

亲爱的读者,本书是MPR出版物,但凡带有链码图标"——"的地方,均可通过"泛媒关联"的"扫一扫"功能扫描链码,获得对应的多媒体内容。

您可以通过扫描下方的二维码,下载"泛媒关联"App。

实用武当三丰太极拳三十八式

刘嗣传 著

中山大学出版社
·广州·

版权所有　翻印必究

图书在版编目（CIP）数据

实用武当三丰太极拳三十八式 / 刘嗣传著. -- 广州：中山大学出版社, 2025.8. -- ISBN 978-7-306-08507-8

Ⅰ. G852.11

中国国家版本馆CIP数据核字第2025HS7559号

出 版 人：	王天琪
策划编辑：	杨文泉
责任编辑：	杨文泉
特约编辑：	黄智华
封面设计：	林绵华
责任校对：	邱紫妍
责任技编：	靳晓虹

出版发行：中山大学出版社
电　　话：编辑部 020-84110283，84113349，84111997，84110779
　　　　　发行部 020-84111998，84111981，84111160
地　　址：广州市新港西路135号
邮　　编：510275　　传　真：020-84036565
网　　址：http://www.zsup.com.cn　　E-mail: zdcbs@mail.sysu.edu.cn
印 刷 者：广州市友盛彩印有限公司
规　　格：787mm×1092mm　1/16　9.5印张　128千字
版次印次：2025年8月第1版　2025年8月第1次印刷
定　　价：45.00元

如发现本书因印装质量影响阅读，请与出版社发行部联系调换

作者简介

刘嗣传，道号刘清复，笔名武当清复、啸然，自号留阳道人，法号留阳子，湖北天门人，栖居广东江门。出生荆楚地，出家武当山，学道九宫山，访道终南山，常住楼观台，进修在京城，弘道于广东，中国人民大学爱国宗教研修班结业。现任广东省道教协会副会长、广东省江门市道教协会会长、江门市武术协会名誉主席、新会道教紫云观住持，并任中国道教协会第九届理事、中国道教协会第十届常务理事暨中国道教协会养生专业委员会委员、香港道教学院客座教授、广东道教学院和澳门道教协会特聘教师。著有《武当三丰太极拳》系列（六本）及《道教文化阐释》文集，发表道教文化和武术太极相关文章若干，是武当三丰太极拳第十四代功法传承者。广东地区武当三丰派非遗代表性传承人。

关于当代道家健身文化的推广与实践

（代序）

一、开头语

所谓"生生之谓道"，道家文化作为我国传统文化重要组成部分之一，其在人文关怀、道德境界、生命完善方面的内涵，千百年来不断发展、经久不衰，特别是在生态学、人体科学、生命科学等领域，具有独特的思想体系。

结合理论与实际，道家健身文化呈现四大特点：在理论指导与思想上具有独特性与大众化；在行为方式上具有公益性和参与性（服务化）；在推广架构上具有系统性，能够有针对性、有层次地把传统道家健身功法呈现出来（系统化）；在推广中将个人生活与健康需求相结合（实用化）。

在继承和弘扬优秀的传统文化、构建全民健身体系、倡导全民健身运动的背景下，道家健身文化将进一步凸显其时代价值。

二、当代道家健身文化的推广

在当下的社会生活中，我们可利用道家简学易用的健身功法，补养自己因工作和生活所耗费的精力、体能以及所损耗的身体，缓解并治疗病痛。

拥有健康的身体能让我们拥有幸福快乐的生活。道家从心态上主张无为（减少过度的欲望），从健康上主张性命"双修"（健康的身体与心灵），从行动上主张康养延命，通过养成良好的生活习惯与心态，拥抱大自然，使人们的健康得到保障。

以下本人将从道家健身文化的推广层面，通过"四性"浅谈见解。

（1）保持理论依据的独特性。道家的健身康养思想具有历史渊源，经验层面以古代道家和阴阳五行家为主，理论层面以《道德经》和《黄帝内经》为主。在长期的发展与交流过程中，不断以"我"为主，同时吸收医家、气功家等多家的实践成果，丰富自身的理论。同时，特别注重保养精、气、神，因为从庄子《养生主》可知，我们需要心神共养，才能逐步养形而达长寿。

从当下汗牛充栋的健身典籍中，寻找适合这个时代发展需要的锻炼功法，具有重要意义。正确、具体的指导方法，能使练习者有理可据、有法可循，从而达到身体康健、气力饱满、精力旺盛、形神俱妙的境界。

天人相应、阴阳对立统一的观念与整体观念，是道家健身理论的核心和独特性。

（2）坚持教学公开化及公益性。发挥自身场所之优势，利用道观配套的公共设施，举办健身培训班、健身讲座、功法指导课等活动，着重把握好性质定位，多做公益性活动，结合数字化平台进行信息传播，做到功法理论公开化、操作程序可视化。在教学过程中，做到待人公正，心气平和。

（3）提高教职人员的社会参与性。本人建议道观教职人员在参与社会活动时应做到因地制宜，因时而变。根据本人的实践经验，在宗教场所外合理开展活动，对提高教职人员的积极性是大有裨益的。

新会紫云观是一个正规合法的宗教活动场所，本人在观内成立武当三丰太极研究会,进行太极体育的研究,偶尔以武当三丰太极研究会的名义外出参加活动及比赛。后来我们的专职教练向体育部门提出申请,专门成立"新会三丰太极培训中心",对外俗称"武当三丰会馆",并在江门市区成立"江门市三丰武道文化有限公司",这对太极运动的发展有很大的帮助。

(4)符合专业标准性。首先,分清对象及层次,如针对青少年(主要是为了强身健体)的培训,与针对中年人(主要是想调养身心)、老年人(大多是希望防病治病)的培训均各有侧重。为满足更多老年人康养健身的需求,本人曾在2020年与道友们一同推出由本人主持的八段锦视频,并应出版社之约将其整理出版,获得了好评。

国家体育总局健身气功管理中心等专业部门认同和推广的"一五六八"功法项目:"一"是"易"的谐音,即"易筋经";"五"是指"五禽戏";"六"是指"六字诀";"八"就是指"八段锦"。本人又结合当前风行的健身太极拳的内容,逐步完善了这些"一五六八"功法。

其次,社会接受度很重要。现在社会上的健身理论、形式、途径、基地、产品等层出不穷,我们把握机遇,发挥自身特色,并且大胆走出去,结合产学研体系,大量融入道家元素,推出自身的特色产品,获得了市场认可。

三、我们的太极武术推广实践

在近二十年的学修并进中,我们一直不忘初心,践行上述理念,通过挖掘道家精华理论,推广康养文化。小到日常生活中的梳头、叩齿、张目、摇头、方便、按摩、呼吸吐纳、提肛缩阴等具体动作,大至心理暗示、希冀长寿等意念功法,我们希望能通过这些方式方法辅助人们日常的康养。

我们还提倡四时摄养，在服食、导引、按摩、吐纳、行气、存想（冥思）、守一、外丹、内丹等的修炼上，采用包括众术合修、择一而悟等方式。

本人承师传、得体悟，本着小心求证的态度，整理成《武当三丰太极》一书，于2007年在香港出版，简化为初级38式、中级38式，2012年再版《武当张三丰太极108式》；2010年提倡"趣味推手"，2016年出版《零基础学推手》。从研究108式高级拳套路，到讲拳理用法以及在整理《整劲与内功》《轻松学八段锦》的过程中，结合《周易参同契》《悟真篇》《三丰全集》的参悟，摸索出内丹功法是可以简化的。在此，我们摘录二十四段锦口诀如下：

闭目冥心坐，握固静思神。叩齿三十六，两手抱昆仑。左右鸣天鼓，二十四度闻。微摆撼天柱，赤龙搅水津。鼓漱三十六，神水满口匀。一口分三咽，龙行虎自奔。闭气搓手热，背摩后精门。尽此一口气，想火烧脐轮。左右辘轳转，两脚放舒伸。叉手双虚托，低头攀足频。以候神水至，再嗽再咽吞。如此三度毕，神水九次吞。咽下汩汩响，百脉自调匀。河车搬运讫，发火遍烧身。邪魔不敢近，梦寐不能昏。寒暑不能入，灾病不能侵。子后午前作，造化合乾坤。连环次第转，还返是良因。

我们可以依据二十四段锦口诀，将动作具体化，有次序地按套路教学，这比太极拳更好学，既顺应时代潮流，又保持自己特色。

四、结语

道家养生的功法众多，有的简单易学，有的深奥难明。而打

关于当代道家健身文化的推广与实践

破过去口传心授的功法，应时代需求，将之进行简化，专门为健康长寿而简单地操练，利用最绿色、低碳的养生方式来锻炼，首推中国传统的太极拳、八段锦之类的功法。居家自练太极拳和健身气功可以说是较好的、适合大多数人的增强免疫力的健身方式。我们践行着这样的理念：健康人生，快乐生活！

目　录

第一章　武当三丰太极拳特色概说 ·················· 1
　第一节　实用武当三丰太极拳介绍 ·················· 1
　第二节　武当三丰太极拳的特色 ···················· 2

第二章　武当三丰太极拳三十八式（初级）············ 8
　预备式　双手捧天，气沉丹田 ···················· 8
　第一式　太极起势 ···························· 10
　第二式　转身掤掌 ···························· 12
　第三式　揽雀尾式 ···························· 13
　第四式　顺拉单鞭 ···························· 17
　第五式　高探马式 ···························· 20
　第六式　十字分脚 ···························· 21
　第七式　分摆蹬腿 ···························· 23
　第八式　进步栽捶 ···························· 25
　第九式　撇身劈捶 ···························· 26
　第十式　进搬拦捶 ···························· 27
　第十一式　提膝蹬腿 ·························· 29
　第十二式　要步亮拿 ·························· 30
　第十三式　金鸡独立 ·························· 31
　第十四式　披身打虎 ·························· 32

第十五式　十字蹬腿 …………………………………… 34
第十六式　双手插掌 …………………………………… 35
第十七式　双风贯耳 …………………………………… 35
第十八式　开合采手 …………………………………… 36
第十九式　旋风摆腿 …………………………………… 37
第二十式　挥手琵琶 …………………………………… 38
第二十一式　一柱擎天 ………………………………… 39
第二十二式　左右撵猴 ………………………………… 39
第二十三式　鹊步飞龙 ………………………………… 40
第二十四式　双化搂步 ………………………………… 42
第二十五式　大雁操水 ………………………………… 43
第二十六式　转身指裆 ………………………………… 44
第二十七式　圆步揽衣 ………………………………… 46
第二十八式　云手单鞭 ………………………………… 47
第二十九式　推窗望月 ………………………………… 49
第三十式　上步七星 …………………………………… 51
第三十一式　退步跨虎 ………………………………… 52
第三十二式　双旋摆莲 ………………………………… 53
第三十三式　弯弓射虎 ………………………………… 54
第三十四式　丹凤朝阳 ………………………………… 55
第三十五式　独立搬捶 ………………………………… 57
第三十六式　如封似闭 ………………………………… 58
第三十七式　十字化手 ………………………………… 59
第三十八式　天地合一 ………………………………… 60

第三章　武当三丰太极拳三十八式（中级） …………… 62

预备式　双手捧天，气沉丹田 ………………………… 62
第一式　太极起势 ……………………………………… 65

目 录

第二式　转身掤掌 ·································· 66
第三式　揽雀尾式 ·································· 68
第四式　顺拉单鞭 ·································· 71
第五式　回身提手 ·································· 74
第六式　白鹤展翅 ·································· 76
第七式　搂膝拗步 ·································· 77
第八式　怀抱琵琶 ·································· 79
第九式　搬拦捶式 ·································· 80
第十式　如封似闭 ·································· 82
第十一式　十字抱球 ································ 83
第十二式　野马分鬃 ································ 84
第十三式　玉女穿梭 ································ 87
第十四式　白蛇吐信 ································ 90
第十五式　转身肘靠 ································ 91
第十六式　开合摆腿 ································ 92
第十七式　进步栽捶 ································ 93
第十八式　撇身劈捶 ································ 94
第十九式　进搬拦捶 ································ 95
第二十式　提膝蹬腿 ································ 96
第二十一式　要步亮拿 ······························ 97
第二十二式　金鸡独立 ······························ 99
第二十三式　披身打虎 ······························ 99
第二十四式　十字蹬腿 ······························ 101
第二十五式　双手插掌 ······························ 102
第二十六式　双风贯耳 ······························ 102
第二十七式　旋风摆腿 ······························ 103
第二十八式　推窗望月 ······························ 105
第二十九式　云手单鞭 ······························ 107

第三十式　上步七星……………………………… 109

第三十一式　退步跨虎…………………………… 111

第三十二式　双旋摆莲…………………………… 112

第三十三式　弯弓射虎…………………………… 113

第三十四式　丹凤朝阳…………………………… 114

第三十五式　独立搬捶…………………………… 116

第三十六式　如封似闭…………………………… 117

第三十七式　十字化手…………………………… 118

第三十八式　天地合一…………………………… 119

附录一　张三丰太极丹道修炼的体系……………… 121

附录二　太极拳与内丹术的溯源…………………… 125

附录三　太极形神兼修之道………………………… 128

后　记………………………………………………… 134

第一章 武当三丰太极拳特色概说

第一节 实用武当三丰太极拳介绍

道门武当太极拳功法由武当先师传承并整理，编写了《武当三丰太极拳》一书，该书由人民体育出版社于2001年5月正式出版（在此之后出版韩文版、繁体版）。我们所传承的武当太极拳，全称是"武当三丰原式太极拳"，是师承武当山原紫霄宫在庙道人郭高一之拳架，得辽宁北镇闾山人、号称"北方大侠"的刘焕军证实，后经王通圣住持修正、指点、认可，虽不敢断言为徐本善前辈的108式原形，但从师承上可以推断其渊源联系；笔者师承郭高一道长，师爷唐崇亮（1869—1984），被授誉为"爱国爱教长寿老人"，其武术、内丹、医术均造诣颇深，其生平事迹在《中国道教》及《河南日报》等报刊上均有报道和记载。拳法承传上追郭诚宾、张宗阳等祖师宗匠，前辈们当年在武当山三天门、八仙庵出家修行。唐师爷29岁出家武当山三天门，正是徐本善年富力强、当家主事之时。他或许并非徐之高足，也非正式门人，但慕名学其拳法，在武当山宫观互相交流学习也是很正常的。其在武当山紫霄宫任武术总教练时，整理出武当系列功法，并与"长江大侠"吕紫剑交流武当内家拳功法，共同促进武当拳功在当代的传播和推广。本人有幸三上武当，跟走神农架，盘踞九宫，方得传授。

经近 40 年习练研修，本人将张三丰太极丹道体系中的太极拳功法整理出来，愿以其精华为健康人们身心略尽功德。原本太极长拳绵绵不绝，有 108 式之多，本人在当代推广传播过程中稍作简化，故有此实用 38 式初级、中级之分的套路拳架。

第二节　武当三丰太极拳的特色

一、体用兼备

武当三丰太极拳共三种架式（上、中、下）13 势（内五行，外八卦）。拳功外形浑然一体，绵绵不断，似行云流水，理论和大架完全符合《东方修道文库·太极道诀》中的太极图谱等内容。其中，中架突出身法，腰胸灵活，下肢稳而不死，下架是提高功力之技击架。这套完全符合张三丰"太极十要诀"和"太极拳法诀"的传统太极拳，风格独特，精当有致，上下起伏，左右翻腾，一圈套一圈。这套太极拳练起来无处不圆，松其跨，顺其势，虚领顶劲，含胸拔背，沉肩坠肘，正腰落跨，虚实分明，上下整体一致，脚随身转，手脚身合，步起弧形，三尖相对，随屈就伸，用意不用力，行如抽丝，用似闪电，可以说其基本要求与现行陈、杨、吴、武、孙等诸式太极拳的要求是一致的。只是具体动作、细微手法和步法略有不同，尤其是在内功的培植上，多了一些传统道家内涵。至于与其他太极拳的区别，本人认为最明显的是：一是先化后发——每个动作的步骤是先沾上，然后化走，最后迅速发动；二是步走弧形——凡步法起始都是弧步进身；三是含而不露——即每一式可以发劲而不显露。三个特点无先后之分，在含而不露的柔劲内意中，时时舍己从人，

第一章 武当三丰太极拳特色概说

先化后发、后发先至，步走弧形整体同动，从而达到周身一家的太极妙境。

需要特别说明的是，武当三丰太极拳参同了大道修炼的自然法则，有重内不重外的三级神意训练（重内先练外的初级训练、内外兼重之形神锻炼、重内不重外的高级阶段）。太极拳练习以吐纳炼养、神气合一为基础；蓄而不发，以修成内丹为至高境界。拳法以太极的阴阳学说为基础而发展起来，哲理深奥，是一种较科学的运动形式，具有特殊的实用价值。

二、阴阳之道

太极拳被认为是由武当丹士张三丰所创，在明代时就已有拳架，在漫长的历史发展中代有传人，秘承不绝，尤在道门，隐传至今。其理论特色属典型的道家道教思想。道家的哲学思想，早在数千年前就已形成一套理论体系，指导历代先师证道、求真、实践，在内外修持的过程中，发挥其巨大的作用。道家的哲学观，是一种整体观极强的"隐显同观""阴阳共论"的哲学思想。它对物质和精神的观念经由阴阳鱼图得以生动体现。"一阴一阳之谓道"，孤阴不生、独阳不长，阴长阳消、阳生阴退，阴阳处于一种动态平衡之中。宋代周敦颐（字茂叔，道州营道人）曾写道："无极而太极，太极动而生阳，动极而静，静而生阴，静复动。一动一静，互为其根。分阴分阳，两仪立焉。阳变阴合，而生水、火、木、金、土，五气顺而四时行焉。五行，一阴阳也。阴阳，一太极也。太极本无极也。""太"，大也；"极"，始也。"太极"一词，是古代哲学家对宇宙未产生之前状况的描绘。无极与太极之义相似，因此有"无极而太极""太极本无极"之说法。太极拳动作大都呈圆形和弧形，与太极图相似，又因太极拳动作体现动静、阴阳、虚实等互相转化的特点，并配合成为完整统一的整体,故名太极拳。张三丰祖师修道悟道有成:人自赋性含生以后,本藏有养生之元气,不仰不俯,不偏不倚,和而不流,是为真阳,即所谓中和之气。此气平时洋溢于四体之中,浸浴于百骸之内,无所不有,无时不然,内外一气,流行不息。于是,拳之开合动静即跟此气而生,放伸收缩之妙即由此气而出。开者为伸、为放、为动,合者为收、为缩、为静;开者为阳,合者为阴;放伸动者为阳,手缩静者为阴。开合像一气运阴阳,即太极一气也。以体而言,则为太极;以用而言,则为一气。时阳则阳,时阴则阴,时上则上,时下则下。阳而阴,阴而阳。一气活活泼泼,有无不(并)立,开合自然,皆在当中显现一点灵气,即太极是也。学习者若能于开合动静相交处,悟彻本原,动静结合(有动有静,静中触动),快慢适宜(可快可慢),自然守中(中正直发),阴阳冲和(所有动作和意念都含有和符合阴阳对立统一的理念),则可在各式虚实相合之中,得其妙用。这就是太极丹道体系的核心理论。

三、基础运用

三丰太极拳以拳架为体,以推手为用,以掤、捋、挤、按、采、挒、肘、靠、进、退、顾、盼、定等为基本方法。在运动中,要求静心用意,以意识引导动作,动作与呼吸紧密配合,呼吸要平稳、深匀自然;动作要中正安舒、柔和缓慢,身体保持疏松自然、不偏不倚;动作绵绵不断、轻柔自然;动作弧形圆活不滞,同时以腰为轴,上下相随,周身组成一个整体;动作连贯协调,虚实分明;动作之间衔接和顺,处处分清虚实,重心保持稳定,轻灵沉着,刚柔相济;动作不浮不僵,外柔内刚,发劲完整。在推手中,要求以静制动,以柔克刚,避实击虚,借力发力,主张一切从客观出发,随人则活,由己则滞。拳功尤其讲究

第一章 武当三丰太极拳特色概说

"听劲",通过身体触觉,来判断对方力量的大小、方向、部位,并及时作出反应。如对方刚力来打,我则以柔化之,"动急则急应,动缓则缓随",随人而动,随机应变。

武当三丰太极拳虽属于中华武术的范畴,但也可以说是中国医学的组成部分之一。通过练习本拳可以达到祛病、健身、延年的目的。武术一般分为外家拳和内家拳两大类。外家拳以练筋、骨、皮为主,而以本拳为主的内家拳则以养气、通络为主,也可以说以放松、调整周身气血为主,属于气之行功。所以为了养病、调整气血的运行和恢复体内的正常循环,练本拳也最为适宜。王宗岳《太极拳经》注云:"此系武当山张三丰祖师遗论,欲天下豪杰延年益寿,不徒作技艺之末也。"可见张三丰祖师创立太极拳的初衷,不仅注重技击功能,也重在延年益寿。

练本拳,不只是一般的学习拳式,还需懂得很多基本功,做到"放松""气道通畅"。因肺主一身之气,肺气调则周身气行,故练功必须令其气顺,不可使气道结滞,所以说,练拳不可闭气、使力,总体以放松、沉气为主。在练拳时要配合呼吸、开合等。基于上述要求,在练拳过程中,由于练拳者注意放松并调整呼吸,每次练拳后都会心情舒畅,精神饱满,身体微微出汗,促进体内的新陈代谢,从而起到祛病强身的健身功效,特别能对人体的神经系统、内循环系统、呼吸系统产生较大的作用。运动强度和持续时间合理结合,对增强循环系统、呼吸系统、消化系统的功能是必不可少的。本拳因为具有中华优秀传统文化的精髓,因此它既是武术又是文化;既练内(心)又练外(体),精气神兼练;既有健身价值,又有武术价值,实为后天康养之术。苟能精勤研究,历久不懈,则能愈练愈精,愈精愈微,由微入妙,由妙入神;不但有益于身心,更能增进智慧,可谓获益匪浅也。

四、奥妙无穷

太极拳涉及道家哲学思想、道教武术、道教内丹及健身气功、中医及道教医学、运动力学等范畴，它博大精深、奥妙无穷。当今科学研究证明：人的很多疾病的生发，都跟自身的思想压力、情绪变化、心理状态有直接关系，而我们练习太极拳正好可缓解甚至解决这些问题，因为太极拳是"重意"，即重视心理调节、神经系统功能调节的运动。

太极拳能调节神经中枢系统，它是一种能给予脑细胞以良好刺激的运动，并能调控神经系统，让中枢神经更好地工作。其原理包括六个方面：一是武当三丰太极拳的首要目的是"养心定性，聚气敛神"。"若心不能安，性即扰之，气不能聚，神必乱之。心性不相接，神气不相交，则全身之四体百脉，莫不尽死"，如此就要求"势势存心揆用意"。这样在神意的指导下，动作与神经系统反复产生回馈作用，能达到很好的健康效果。具体来说，武当三丰太极拳往往要求左、右手同时往不同的方向运动，且动作也不相同，这就能使人大脑左右半球之间有所联接，同时得到发展，协调性增强。此外，习拳中亦多使用左手，能开发人的右脑，可以使人变得更加聪明。二是太极拳缓慢而柔和的动作，既能增加脑动脉内的血流量和供氧量，又能加速脑内有害物质的释放和排出，有效促进神经元的营养吸收。三是如生活过分紧张，会造成部分脑细胞过度活跃，不仅不能正确地接收、发送和整合信息，且还会发出错误信息，干扰正常脑细胞的活动，这会导致中枢神经因兴奋、抑制失调而引起健忘及甚至幻听等。而太极拳要求"神为主宰、身为驱使"，神聚心静，舒坦自然，排除一切杂念，这样就能抑制那些过度活跃的脑细胞发出强大的干扰信号。干扰信号被抑制后，脑神经细胞的正常功能就会恢

第一章 武当三丰太极拳特色概说

复。四是太极拳能进一步促使休眠的神经元复苏，使萎缩的肌肉得到一定的恢复，从而加快患者肌肉整体功能的恢复。五是太极拳的每个动作都包含阴阳之变化，虚与实、动与静、表与里、开与合、进与退、收与放、左与右、刚与柔、正与偶，相辅相成；又强调整体观念，要求身心合一，松静无为，内外上下完整一气，以意领气，气随意行，意到气到。因此，久练太极拳能调整人体阴阳，疏通经络，达到"不治已病治未病"以及益寿延年、增强体力的效果。六是太极拳能改善人的情绪，使脑部得到充分的休息，并可加强神经系统对其他系统及器官机能的调节，从而有助于记忆力、反应力、判断力、思维力的提高。

第二章 武当三丰太极拳三十八式（初级）

预备式 双手捧天，气沉丹田

【姿势】

面南直立，自然中正，全身放松，两眼平视，头正直，项松竖，头顶虚灵，仿佛上顶有线悬梁之意；下颌微收，齿轻合，唇轻闭，内舌轻触上腭；两臂坠肘下垂，沉肩松胸，气含小腹，肘不贴肋，手心向里，中指肚轻贴腿侧（裤缝）；松胯圆裆，两膝似直非僵（似弯非弯），两脚与肩同宽，脚尖朝前，呼吸顺遂平畅，意守丹田。

【要点】

（1）此预备式及无极式，其基本要领均体现了太极拳贯穿始终的各项要求，故在行拳过程中均应一贯持守这些法则。

（2）此无极式暂未分阴阳虚实，重在呼吸自然，意守丹田，虽静犹动，势如张弓待发之动意，守我之静，待人之动。

（3）思想集中而虚静无物，神气抱一而达无形无象之感，然意存丹田而待动，保持平和静气，安详随和，全神贯注而内敛神气之韵。（图2-1）

图2-1

第二章 武当三丰太极拳三十八式（初级）

【动作】

1. 双手捧天

两臂分别从两侧抬起，意念跟随，手动，腕、肘整体一起向上缓慢抬起，沿斜前方（与身体成 15°～45°夹角）向上抬至眼高。吸收地之灵气之势，灵气向上运行，手指领意，劳宫吸天之精华，手臂从裤缝侧上行时，由臂之转滚而手掌逐渐向上，捧天之精华之气，当到达眼高时，又转腕向内，向人体正中线前合拢，掌心遂变朝下，十指相对，将天地之精灵汇聚百会穴。（图 2-2）

图 2-2

2. 气沉丹田

接上式（在十指相对掌心朝下时）。前臂沿体前以抱球状下行，做不明显呼气，意念百会真气下行人中穴，达鹊桥，沿任脉，经天突、璇玑、华盖、膻中、中脘、神阙，聚回丹田。双手亦同达下腹，后分别沿带脉斜下胯边，回至无极式。（图 2-3、图 2-4）

图 2-3

图 2-4

【要点】

（1）这是一个深呼吸的过程，意念周天循环，呼吸要彻底，手意牵引要协调，吸尽天地灵气，真气存聚丹田。

（2）这也是开始进入状态的一个起势，保持全身放松，心情平和舒畅，动作慢，匀称一致，呼吸自然，基于自己的熟练程度而掌握动作。

（3）拳经云："先在心，后在身。"修道即修心，故首先要心无杂念，开始练此功也要遵循"有为"的存想内观之法。此运行大周天之功，是先扣脚十趾而提涌泉吸地之灵气，实质一是稳定脚跟，二是活动经脉，沿阴跷上行，缩阴提肛，过三关到达百会。此时，两手劳宫及天门九宫打开，吸收天之精华而汇聚百会，再由百会沿任脉下到丹田，此中真气保存，鼓腹蓄气，废秽之气随放松之体散发体外。

（4）这一过程意念可强可弱，不可过僵过执，动作要慢，意念、动作、呼吸三合一，要协调。要注意，预备式的气势决定了整个行拳的效果，需下功夫练习。

第一式　太极起势

【动作】

1．双掤撑掌

两臂分别内动，向上掤起，手心由相对变为向下，上掤同时胯膝下坐，气在丹田，慢慢屈膝成115°（屈膝度根据架势高、中、低而定，通常以中架为例，以下均同中架）。掤至臂与肩平，要意达指梢而微微坐腕。（图2-5）

2. 虚步下切

上动不停。重心在左脚,右脚向外辗后变虚,脚尖着地,同时左手随身体外旋,掌心朝外,屈臂沉肘格架在头上,右手内旋向右下方切下,至膝下足三里侧。(图2-6)

图2-5　　　　　　　　　图2-6

【要点】

(1) 遵循拳经"一动无有不动"之原则,全身在放松的前提下,用意不用力地开始柔和运转,轻灵与沉着俱在,变换虚实,注意上下,一动就开始体现阴阳。

(2) 行拳中腰身、手、腕、肘、胯、膝均活而不僵,活而不乱,松而不懈,刚而不僵,以意引动,有规则地转动,身体似屈非屈,似直非直,动作到位,意气也一并到位。

(3) 一般按照呼吸自然的原则,多以起时吸,沉时呼,即上吸下呼为主,但均不明显用口鼻,行拳保持匀、细,因其动作缓慢而又深长,所以一般开始学拳架动作时,不必过分注意呼吸方式,而应时时注意气沉丹田而意于腰腹,活于胯部。

第二式　转身掤掌

【动作】

1. **抱球独立**

接上式。重心移至右脚，右手由足三里外侧向右上臂转划弧至头前格开（与头平），左手掌心由外向内、向下，随身体起立划弧至前裆处；左脚随手弧形辗转而提起，身体保持正中，背直不屈，两掌心相对，右腿微屈。（图2-7）

2. **转身架掌**

接上式。由腰转带动左腿向后（东北），左脚向前落地，脚尖先着地，成左前进步；左手随身体由下朝上划弧掤起，掌心朝里，右掌由眼下经胸前向左腋下推出，竖掌式，掌心向外，定型时，手、脚、身、步到位。（图2-8）

图2-7　　　　　　　　图2-8

第二章　武当三丰太极拳三十八式（初级）

【要点】

（1）此拳步法灵活，仅从开始的动作中便可以看出步、腿的灵活度，同时要求步、身、手齐到合一。

（2）动作连贯性不可分割，劲不宜断，在定型时，微有内劲到达之意，非单操练时，不得用力或发力。

（3）此拳架攻防意义较强，练时虽不专注攻防作用，但要明晰其用法。此转身上步、上掤下打之法，动作显明，同时可变作左揽雀尾式，唯方向相反，用法不另叙。

第三式　揽雀尾式

【动作】

1. 回身抽掌

接上式。由腰身带动右手，由竖掌变内旋成仰掌，往右回抽，左手外旋变压掌和外切掌；左脚回扣（即以脚跟为轴，脚尖向内转30°），身体变成右靠弓进步。（图2-9）

图2-9

2. 虚步拧转

上动不停。重心移至左腿，右肘下沉，右手外翻，带前臂滚旋，右脚变虚，以后跟为轴，外摆45°；左手由胯下翻掌向左前方到右上方划弧，至面前时，右脚沉实，承担重心，左脚虚起，从外低扫圆弧至正南方，离右脚一小步但未落地；左右手掌心相对成拧合劲。（图2－10、图2－11）

图2－10

图2－11

3. 上步靠掤

上动不停。左脚落地着实，右脚急上步于左脚侧，向斜前方（东南方）出步，身、肩、膝同到；右手由胸前划内旋弧至裆前，左手随拧劲沉肘，转回头前，掌心朝面。（图2－12）

图2－12

4. 撩肘掤

右手由裆前朝外，由下至上，再由肩、肘、手节节贯穿，划弧上掤至右侧前方。左手在后，掌心与右手相对。（图2-13）

图2-13

5. 马步履

右手向右前方掤至与肩高，膝与肘相合，手尖与脚尖相对时不再往前；右手掌心转向朝上，左手掌心朝下。右手由外向内翻掌，左手由内向外翻掌，重心移至左脚，左手在前，右手在后。当向左边履过时，右脚变虚，右掌心向下，左掌心向上。（图2-14）

图2-14

6. 上步挤

上动不停。左手从左脚后收，再向右肘处，掌心朝上捅出；同时重心移至右脚，左脚跟左手一起上步，脚跟先落地，承担重心；右手从左手至左肘下抽回，再沉左肘滑滚向左手，掌心向外。（图2-15）

图2-15

7. 落步按

当左右两手交叉会于右膝时，两手随臂转翻掌，并搂过右膝，收回腰间后从腋下推按出去；当手搂过膝盖时，右脚提起，蹬脚后落地，肘至，脚到，手到，成马步双按掌式。（图2-16、图2-17）

图2-16　　　　图2-17

【要点】

（1）此式分解动作多，较为复杂，也是区别于其他拳架的独特标志。实际运用时要注意手、身、脚、意、气、力齐至。

（2）此式劲力明显，靠、掤和落步双按是典型的力点（力点是实际用法上的技击发力处），要注意体会。

（3）式中连绵性强，不能脱节，要一环套一环，在推手和技击中如配合得好，则很具威力，但不能散乱。

（4）此式步法变化多而快，步幅大小可根据自己的架势变换，但虚实一定要分清，实腿承受重力时要沉裆、敛臀，并保持腰胯的灵活。

第四式　顺拉单鞭

【动作】

1. 左右平带

接上式。左手朝上微翻掌，向左随身体带回，右手在距左手尺余时，掌心向上，托肘之意，随身向左移，重心在左脚，左脚以后跟为轴随手臂向外转，右脚后跟不动，前脚掌回扣，与手臂同向。（图2－18）

在左脚尖转向东南方的同时，右手由仰掌旋臂成向外、向下的抓掌，左掌变托掌，向右以右脚为重心拧带；脚法与前相反，即以右脚跟为轴向右侧随身、手臂移45°，左脚以同样方式回扣45°。（图2－19）

图 2-18

图 2-19

2. 平撩上架

左脚收回，随身起立，左手护右肘，右手从斜前方突出；然后右手翻掌，掌心向下，向左前划圆捧起，左手由护右肘到身前成十字架手；重心在右脚，左腿随机提起蹬出，左手划弧后，拍打左脚脚面。（图2-20 至图2-23）

图 2-20

图 2-21

图 2-22　　　　　图 2-23

3. 挥出单鞭

重心仍在右脚，右手由掌变成勾手，气下沉，左脚、左手由腰带动一起向左前方挥迈而出，变成左弓箭步。（图 2-24、图 2-25）

图 2-24　　　　　图 2-25

【要点】

（1）在左右平带过程中，拧劲等暗劲是关键，要求也很严格。

（2）像两掌相对，意为把持手和肘，时时可以采捯之劲制住对方，往返之变是根据对方使力的变化而变，折叠过程中的身、腰、脚均要变化一致，体现整体性，如此才能制敌。

（3）图2-19、图2-20的插撩之变，即为变化无方之意，根据对方空处、破绽处而击，上架十字手，下出进腿，落步而顺掌到，动作圆而连贯，有一定的搏击效果。

第五式　高探马式

【动作】

1. 转身采掌

接单鞭势后，身体左转，提前右脚，在距左脚一脚处落下，先后跟着地，同时，左手朝下内旋，右手随转身上步，在左手前呈下压采式，然后与左手在胸前划圆。（图2-26）

2. 提膝推掌

上动不停。右脚承受全部重心，左右手在胸前划圆之时，提起左脚，随即右手平推出去。（图2-27、图2-28）

图2-26

图2-27

图2-28

【要点】

(1) 换腿时重心要稳,身子要正。

(2) 高探直立要有冲霄顶劲之感觉,有上下对拉、拔长身肢之意。

(3) 两手始终有采挒之劲,右掌出击以侧掌推出为要。

【用法】

俗话说:"打人身要踊。"高探马的实际用法是身体向前挥出,似乘马探身一般。

第六式 十字分脚

【动作】

1. 落步(上)十字

接上式。落左脚,身体左转,左手同时与收回的右手成十字交叉于头前,面向东北,右脚随身划弧变虚,脚尖点地。(图2-29)

2. 扫脚(下)十字

左右手各自沉臂转而划弧,随着身体徐徐下蹲而再交叉于膝前。(图2-30)

3. 右分脚

重心仍在左脚,身体慢慢起立,两手随起身而分开两边;同时,右脚

图2-29

由胯带膝、胫，直至脚提起，随身体向右转动而先蹬后摆。（图2-31）

图2-30

图2-31

【要点】

（1）十字交叉要转臂，即臂、腕同动，通常右手在外，左手在内，两掌心均朝外。

（2）腰身控制下的起立与手的划弧要协调一致。

（3）脚蹬之意提劲，先达后跟，再达脚尖，而向右摆动幅度较小，即有分脚之意。

【用法】

此式为太极拳中直接明显用腿之法，故脚法亦多变，在两手架封之后，一手粘拿之同时，先蹬，而分，或分时蹬踢，这有着舒活大周天之腿脚气血的功效。

第七式　分摆蹬腿

【动作】

1. 落步十字

右脚徐徐落下，离左脚尺许（后跟先着地），渐落实承受重力，两手向下划弧于胸前，再度交叉成十字，虚左脚点地。（图2-32）

2. 左前蹬

重复上式"十字分脚"动作后再随身起立而提起左腿。（图2-33）再向右边蹬出后，随身和腰左转而摆腿180°。

图2-32　　　　　　　　图2-33

3. 左侧蹬

腿向左（西面）蹬出，两手随身体转动划弧，左手意在左脚之上。（图2-34、图2-35）

图 2-34

图 2-35

【要点】

（1）左脚的运动是两边连环之腿，转身摆动，蹬摆均要动作到位。

（2）此式幅度大，重心要稳固（重心腿微屈）。

（3）两手开、合、封、分时要体会其用意。

（4）身法力求中正不偏。

【用法】

此分摆蹬腿之法，大多在膝、脚、腿的变化上，故从分蹬踢摆灵活运用上，可一腿多用，随之变化。

第二章　武当三丰太极拳三十八式（初级）

第八式　进步栽捶

【动作】

1. 落步搂膝拗步

在"分摆蹬腿"之后，左脚落地时左手成搂膝拗步式，从左膝前划弧，右手随转身转掌推出。（图2-36）

2. 搂膝拗步变进步栽捶

重心后坐，右腿承受重心，左脚以后跟为轴，脚尖朝外撇45°，后左脚承受重心，右脚提上至左脚边；右手下划弧翻掌；右脚落实承受重心后，左脚朝左前方划弧迈出；左手随之翻掌，随左腿同时搂膝而过，回划弧至头侧，右手由掌变拳经头右侧推出，过头后变拳呈弧形向左脚下击打。（图2-37、图2-38）

图2-36　　　　图2-37　　　　图2-38

【要点】

（1）这是搂膝拗步的变化之式，由掌变拳有其实用威力。

（2）要保持沉腰坐胯、松肩屈肘，腰转和侧折时，颈脊、腰脊仍要保持成一直线，不可弓背或低头。

【用法】

太极五捶之一，皆由掌变化而来，出手成掌，着人成拳，此进步栽捶为配合步法的插套。

第九式　撇身劈捶

【动作】

1. 转身撇锤

腰身右转，重心渐移至右腿；意以先右靠背，右臂屈肘，左手随身向左下划弧。（图2-39）

2. 坐胯盖掌

右臂沉肘、翻拳，右拳从胸向上从右划弧翻拳而出，拳面朝上。（图2-40）

图2-39

3. 上步盖掌

身体右转，渐提起左脚，与左手一起随身右转上步，落于脚前一尺许；左手由左上方划弧，经头上翻掌压盖至右捶上，右捶随身略下，划弧收回。（图2-41）

第二章 武当三丰太极拳三十八式（初级）

图 2-40

图 2-41

【要点】

（1）此撇身劈捶在承接架势上，注重先有背靠，接有屈肘之击，再有撇劈之捶，要注意体会区别。

（2）由腰意带动的转身背靠等系列动作，体现整体发放的特点，手肘的变化是次要的。

（3）眼神要顾及动作。

第十式 进搬拦捶

【动作】

1. 提膝搬

上动不停。身体坐右胯，虚左脚，随之左脚变实，提右膝，右手由下至上交叉到胸前。（图2-42）

2. 上步拦

接上式。落实右脚,身体右转,上左身和左手,左脚上步拦式。(图2-43)

3. 进步捶

右手经胸前下颚处右侧内旋,从右腰间推出。同时左手护左侧,掌内旋360°后,与到达左侧的右捶一同由腰胯送出,左掌护于右捶之上。(图2-44)

图2-42　　　　　图2-43　　　　　图2-44

【要点】

(1)这是一个内外同体练神气精和外体形架练身气的惯例。既可以慢,练得与气同行,也可以身形合一,顷刻使整体一致。关键是要懂得以意领气和技巧。

(2)此式在进身中上步、上步时进身出掌(拳),进中护化而击,重心变换虚实,灵活轻盈,整体协调,脚手齐动,上下相合,要做到"迈步如猫行",速度均匀,呼吸顺畅,意气力齐到。

(3)步法、手法随腰转动,先化后发,化中有进,进中有化，搬中是进和化同动，拦中是进步进身；搬拦时腰身、手腕同转，即不抬肘，右掌呈螺旋形出去，定式为平拳，虎口转身内，拳自然握实，意达所致，不可强力，灵活可变。

第十一式　提膝蹬腿

【动作】

1. 翻转挽花

右拳在左掌的拂护下翻腕变掌，两掌掌根相贴，掌心向外，成张口式。（图2-45）

2. 膝挺腿蹬

身体左转，重心在左脚；两掌随身左转而收回左腰间；同时右腿提起，屈右膝，提脚伸直蹬出。（图2-46）

图2-45

图2-46

【要点】

（1）翻腕变掌是化解和擒拿法，要懂得其用意。

（2）连贯配合的转向收掌和出膝蹬腿都要气沉丹田，运转灵活，保持头正、身直、脚稳。

第十二式　要步亮拿

【动作】

1. 歇步照面

接上式。身体右转，收回右脚，右脚斜插于左脚之后，身体慢慢向右转下，坐成歇步；右手向上，左手朝下划弧。（图2-47）

2. 虚步下切

身体徐徐慢起，重心在左，两手继续相向旋转，上下互照，虚步下切势。（图2-48、图2-49）

图2-47　　　　　图2-48　　　　　图2-49

【要点】

（1）转腰坐身是回化防守之势，呈现只有招式之功而没有明显攻击之势，但由此势可变化出多种击技法，是典型的以守为攻、以退为进的招式，突出了武当拳重化不重抗的道家哲学思想。

（2）这些招式变化，防守之势在内气锻炼上，结合身体起伏、腰身转动，对气血锻炼是颇有裨益的。

第十三式　金鸡独立

【动作】

接虚步下切势。身体右转45°，提起右脚向后再向前划弧出尺许，落地；同时右手向上划弧翻掌变捶，置于头前，左手由上经胸前划弧下压至裆前，同时提起左脚，眼看右平视前方。（图2-50）

图2-50

【要点】

（1）这是一个较为含蓄的式子，含胸拔背，护裆沉气，独立要稳。

（2）与前两式要顺畅圆活连贯。

第十四式　披身打虎

【动作】

1. 左打虎

上动略停，腰胯带动左腿稍伸直后，向左转动90°，至正北面落地，渐承受重心，变至左弓步；左手随左腿转时，搂拂过左腿面划弧至头前成拳，右手也同转而由上至下划弧击捶，放置于左膝前，拳眼向内，左拳面朝外，右拳面向下。（图2-51）

图2-51

2. 右披身

腰身右转90°（以后跟为轴，右脚内扣）；右手向右划弧，渐成右弓步，左手同时向下划弧变掌。（图2-52）

3. 右打虎

腰身继续右转45°，左手与左脚由外向身内划弧，左脚落地于右脚斜前方尺许；左手在上平肩，左脚承担重心，右脚提起，向右前方划弧迈出尺许，左右手同时划弧翻掌变拳，成右弓步，右拳在头前，拳面朝外，左拳拂手于右膝上，拳眼朝下。（图2-53）

第二章　武当三丰太极拳三十八式（初级）

图 2-52　　　　　　　　　图 2-53

【要点】

（1）行拳要匀和，左右脚落地变换重心时要稳住重心，负重腿微屈膝，虚腿落地时应缓和轻慢，体现该式轻灵又沉着的特点。

（2）两手过渡到打虎式时，弧形要划得圆，不得呆滞。

（3）右披身势中变步，上势要圆顺自然，手经过膝前时要有搂膝之势。

（4）圆臂屈肘，沉肩坠肘、心平气和。

【用法】

此式重心下沉、中间腰带、击腰上打头，身、手、脚要配合，中实之后要打击猛烈，力达拳面。

第十五式　十字蹬腿

【动作】

腰身拉长上起，左脚提回，左手上划，与右手架交叉成十字（图2-54），以下同十字分脚之势，但重在蹬腿而不摆。（图2-55）

图2-54　　　　　　　　　　图2-55

【要点】

（1）此式作为重复和连接两式的过渡式，在蹬腿时要注意与上式稍异。其要点及用法均与前相同。

（2）身体重心要稳固，注意平衡力度。

第二章 武当三丰太极拳三十八式（初级）

第十六式 双手插掌

【动作】

右脚收回着地；双手分别向下划弧，从腰间插出，掌心朝上；随即左脚上前半步，重心在右脚，成右实左虚步。（图 2-56）

【要点】

（1）手之合势与脚之上步要协调。
（2）手向外插，不可超过前脚尖。
（3）身体微坐，保持重心稳固。

图 2-56

第十七式 双风贯耳

【动作】

左脚落实，承担重心，身体上提，两手回时，分别由下向左右内旋翻腕变拳，向上画圆，至头前合拢，相距半尺，双手虎口相对，同时提起右膝。（图 2-57）

【要点】

（1）两拳向前、向下以及提膝时动

图 2-57

35

作要协调一致。

（2）沉气松肩，两掌由下内旋翻掌，要有整体感，开合分明。

（3）分开对方双掌时或粘或化，变击对方头部太阳穴，并提膝击裆或进步插裆变双推，都是实用之法。

第十八式　开合采手

【动作】

身体左转，向左前方落下右脚，两拳变掌随身转动时，右手与左手交叉搓掌后，右手掌心朝上往外掤出，左手掌心朝下往左侧采分，重心转移至右脚，成右弓势。（图2-58、图2-59）

图2-58　　　　　　　　图2-59

【要点】

（1）此为自身两手的开合，两手先合后开，即变拳为掌，交叉搓掌为合采，后两掌分、采、开捌。

（2）转身与开合配合，腰身带动全身各处运动。

（3）斜中寓正，头正脊直不可丢，虚实重心要分清。

（4）分掌后有采拿、捌发或变为砍击等招式。

第十九式　旋风摆腿

【动作】

1. 左摆腿（里合腿）

接上式。身体继续右转，同时以右腿为重心提起左脚，作内合腿，摆转180°，即左脚朝上、朝右做摆击，至头高处，右手拍击脚面，后随弧形落在西北方。（图2-60）

2. 右外摆（外摆腿）

上动不停。左脚落地变实后，起右脚，经身前向外做外摆腿击，随身右转180°，右脚外摆180°。（图2-61）

图2-60　　　　　　　图2-61

【要点】

（1）此为武当三丰太极拳里唯一双腿连环的用法，且根据体力还可加上一个相反的右脚里合、左腿外摆的跳跃连环腿，但因其跳跃和速度会影响拳架的一致性，同时也因跳跃会伤气累丹，故在一般情况下不常用。

（2）摆腿一定要与腰身配合，用腰胯带动，而劲达脚面。

（3）保持转身平稳，中心不偏，重心稳固。

（4）手与脚的相互配合及随后的划弧都要自然流畅。

第二十式　挥手琵琶

【动作】

上动不停。重心渐移至左腿，右掌坐腕后随身往前下推出，护在小腹与裆之前；而右腿随跟而上，至右脚边落地，承受重心；左手由下向后、向上、向前，即外旋至前，与左脚动作同步。左脚提起向前距原地一小步落下，先以脚跟着地，脚尖微翘，后虚平左脚，成左虚右实步，两掌掌心相对，目视左掌中指肚。（图2-62）

图2-62

【要点】

（1）此式为旋风摆腿后落定的架势，两手随身脚运动后划弧落定，也是一个可变多势的防架。

（2）两手掌相对之合劲是暗劲的训练，相距手腕至肘部一臂距离。

第二十一式　一柱擎天

【动作】

身体右转，右手由拳变掌，随右转，翻腕，变压带掌，收回右腰，左手与左脚同动，左手屈肘，向上用拳背击顶，同时左膝提起。（图2-63）

图 2-63

【要点】

（1）立身中正，右腿重心要稳。

（2）前后连续往返的转动要切实以腰为轴。

（3）手出拳后变掌收回，伴有大小弧形。

（4）呼吸平畅不显，内气顺达。

第二十二式　左右撵猴

【动作】

1. 左捌撵猴

接上式。身体左转，左脚回落，左手变掌，内旋左带划弧，

右手与身同转时,上划弧与左掌同动。(图2-64、图2-65)

2. 右捯撵猴

上动不停。等左脚落定后,右脚随起而急转腰身,手法同样,掌心相对,揉球式变化,中间暗含带、履、采、捯、送等动作,分别重复两次,后两次送胯蹬腿。(图2-66、图2-67)

图2-64　　　图2-65　　　图2-66　　　图2-67

第二十三式　鹊步飞龙

【动作】

1. 鹊步捉鸟

接上式。重心在右腿,身体左转,左手翻拳拂压,左腿蹬后外摆势,向左前方落步,距右脚尺许,随之脚尖落地,承受重心,身体前坐,右手随身体前坐,插掌于左手之间,右腿随后跟至左脚,虚尖点地。(图2-68)

第二章　武当三丰太极拳三十八式（初级）

2. 转身飞龙

上动不停。身体右转，右脚后撤至左脚尺半处，先由脚尖着地，后全着地承受重心，随身右转之时，右臂随之动，屈肘至腰间。（图2-69）

3. 鹊步现爪

重心在右脚，身体右转，右手前伸后下沉，左脚上步，左手同动，至右脚前半步落定，承受重心，右脚跟上，虚点脚尖。（图2-70）

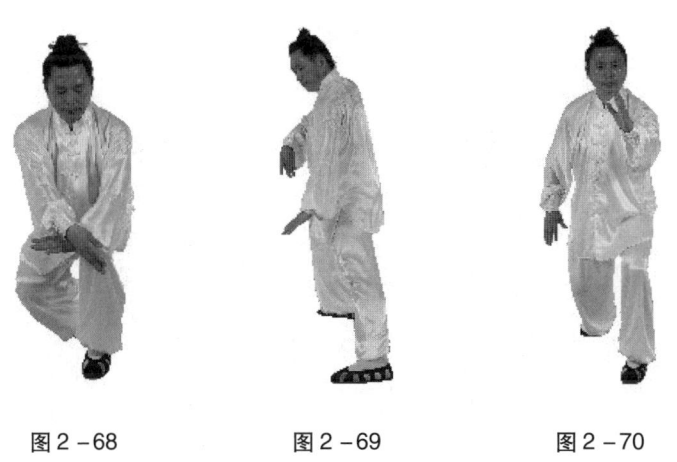

图2-68　　　　图2-69　　　　图2-70

【要点】

（1）鹊步飞龙式，重在鹊步，是一主重心步与另一跟步，本式两处用之。

（2）飞龙指转体揉身变化之用，如龙摆架之形神。

（3）与其他太极拳的"斜飞式"有相似之处。

（4）转身斜飞式步子可大，但鹊步跟动要小。

（5）身法协调是关键，不能散乱，龙的首尾是相应的，这体现了太极拳的整体观念。

第二十四式 双化搂步

【动作】

1. 转身摆腿

接上式。腰身左转,左脚外撇承重心,提起右脚由右从左上方拍打脚面,外弧摆出,于右前方落地(图2-71)。右手拍打右脚时,随腰身下沉,与右膝搂护而下,左掌随身推出,成左膝拗步式(图2-72)。

图2-71

图2-72

2. 十字掤手

上动不停。右手随之上起,与左手在头前交叉,由上而下成接下式。(图2-73)

【要点】

(1)右臂收回时,转臂翻腕,随

图2-73

着滚翻之变托肘护腋。

（2）左手要护膝，后化而转发，随身而进，与右手的配合要协调。

（3）蹲身要保持中正，护裆收臀，注意圆活之势和沉肩坠肘。

第二十五式　大雁操水

【动作】

1．大雁操水

上动不停。重心移在右脚，右手往后划弧，上翻转腕，左手随左脚一起右转，从上往下搂起，与右手随蹲身时身前合拢，十字交叉。（图2-74）

2．展翅蹬腿

随起身而重心由左脚承受，右脚提起，先向前蹬出，然后随身搂化。（图2-75）

3．搂膝拗步

右脚落步，成搂膝拗步式。（图2-76）

图2-74

图 2-75　　　　　　　　图 2-76

【要点】

（1）左右手两种翻臂转腕都在此式中有体现。动作时，手要圆活、流畅，与蹲身起立协调一致。

（2）有三种含义要认真领会（虽然有的相似、重复，但同中有变）。

（3）坐身、起立要头正身宜，重心稳固，慢练快用。

（4）这是搂膝拗步后的另外两种变形拳势：前一种为突然向前，交叉搂腿和进脚蹬腿；后一种就是侧身进步的揽雀尾方式。

第二十六式　转身指裆

【动作】

接右搂膝拗步之式。以右脚为重心，左脚提起，往内再向外划弧；同时左手外旋（掌心外翻），下拂反搂，再划回头前，当

第二章　武当三丰太极拳三十八式（初级）

左脚在左前方落定后承受重心，身体左转，右脚与右手同上，右脚在左前方一步（尺半许），右手从搂膝肘的拗掌翻腕转臂变为捶，划弧往下击打，拳面朝里。（图2-77、图2-78）

图2-77　　　　　　　　　图2-78

【要点】

（1）左手内翻变掌是独特之法，应掌握其用法。

（2）"足随手运""手随足运"，当左脚回划弧后迈出，左手同动，翻掌运行，并在落定后的右脚右手的上行，均是遵循这一原则。

（3）协调、均匀、柔和、连续的圆转，是以腰身为主的螺旋劲。

（4）在右脚为重心前，先虚坐右胯后承重心。

45

第二十七式　圆步揽衣

【动作】

1. 转著势

接上式，左手往上回抽，右手往下拂掌，两手如搓拧状，同时提起左脚，在右前方往由右往左的圆旋方向走弧步，而且落步时身与脚、手同到，身在做完揽雀尾之掤捋挤按后成180°。（图2-79、图2-80）

2. 重复揽雀尾式

动作与进步揽雀尾基本相同，唯步法是走圆弧，而且到落步下按时刚好完成一周，成360°。（图2-81）

图2-79　　　　　图2-80　　　　　图2-81

【要点】

（1）此衔接动作虽然不是一个有正式名称的动作，但其实用意义是不可忽视的，它可以连接任何一个架势，可随机变化出

第二章 武当三丰太极拳三十八式（初级）

许多不同招式，所以要注意其架势和方法要领。

（2）一腿承受重心，另一腿是脚跟着地后变转方位，这是衔接之关键。

（3）沉肘松肩、先化后发、迅捷进身、优化击打，距离是诀窍所在。

（4）左脚提膝、上步划弧形，身体同上步行动。

第二十八式　云手单鞭

【动作】

1. 左云手一

承接单鞭式，左脚尖里扣，身体右转，右勾手变掌自右而下划弧，重心在右，左掌随右转身而下划弧。（图2-82）

2. 左云手二

重心渐渐全部移于左腿，右脚向左提起（脚跟先离地），身微左转，右掌随转体至右下，向左划弧运转，当右掌划弧上至中心线头前时，小指朝鼻尖，掌心朝外翻，左掌也同时向左上划弧运出，右脚离左脚一脚处落下（脚尖先着地）。（图2-83）

图2-82

图2-83

3. 右云手一

重心在右脚,左脚向左迈开一步(约尺半),同时,右手向上、左手朝下,依上述翻掌转臂原理划弧。(图2-84)

4. 右云手二

收左脚在右脚边,此时左手在下胁肘处,右手在上屈肘,于耳际边半尺许,再继续沿圆弧轨迹划弧,右脚变实承受重心,左脚向左迈出一步(约尺半),重复第二个云手。(图2-85)

5. 三云手转单鞭

两遍云手后,当重心在左脚时,右脚要随重心而动,以后跟为轴往外旋,身体随之由左向右旋转180°,即转身一面,然后右手由云手的抱球式转为左手交叉上架势,随着移转左腿过出,变成正面单鞭式。

图2-84

图2-85

重复上述第2、第3、第4的动作,这样重复两遍就是左右云手。

【要点】

(1)做云手时,身体转动时要以腰脊为轴,不可乱摆动,不可倾斜、前俯后仰，要做到"立身中正"。

（2）两臂运转时要自然灵活，要做到沉肩坠肘、主辅分明、上下清楚、左右手各自划半边身线的圆弧。

（3）当左右手上划至胸前到头时，要注意做到"小指背朝鼻尖往外翻"，这样就能做到臂、腕、掌的合理滚翻，有助于活动经络和练习粘法。

（4）云手动作至少做两个，根据场地和运动量，可以增加到3～5个。

（5）在第三个云手之后，当重心在右脚时，右手在上，左手在下，而左手继续上划弧，交叉到右手前臂处成斜十字，提起左脚蹬踢而出，以下均同第四式顺拉单鞭。

第二十九式　推窗望月

【动作】

1. 交叉劈掌

接顺拉单鞭之后，腰身右转，右勾手变掌，内旋一圈，由下往右肋再朝上翻掌成圆圈划出。

2. 上步盖掌

随后左手从左侧由左上向右侧随转身时向右下压盖，左脚与左手同动，盖过右脚一步（尺许）。（图2-86）

3. 进步擦掌

接着右手与右脚同上，右手从左肘至腕臂间滚穿而出，右脚落定承担重心，成右弓步。（图2-87）

图2-86　　　　　　　　图2-87

4. 仆步下式

右手变勾手，松腰坐胯，蹲身下势，左手随身下蹲时由上而下划弧，经身前裆平而至左膝边，随后竖掌，由左手五指牵引上行，随之起身，重心移至左腿，成左弓步，右手随之下沉。（图2-88）

图2-88

第二章　武当三丰太极拳三十八式（初级）

【要点】

（1）左脚在上步时，先是左脚盖过右脚而上，然后右脚再上步，足见其灵活性。

（2）不上步时，左手向上划弧而下沉，坐身仆步。

（3）步间距离与仆下坐身之高度都要适度，起伏要保持平稳。

第三十式　上步七星

【动作】

重心在左脚，左腿屈胯前弓，随左手上行划弧，腰身继续微左转，右手与右脚从右向左同动，右手变拳由右往下向左划弧成抄上拳，面朝上，高与鼻齐，左手拂压在右肘上，右脚前踢蹬直，坐身保持平稳，头正，目视右拳上方。（图2－89）

【要点】

（1）身体不要摇晃，上体保持正直，松腰胯，活臂腿，重心在左。

（2）两臂均呈弧形（无论是走行还是定势），左手先是竖掌弧插，后转腕拂压，右手之拳用来技击，但是要如掤如打，不要明显地做成上场击打之动作。

（3）左腿屈膝独立，须"沉

图2－89

肩坠肘""虚灵顶劲""气沉丹田",肘与膝合,向前的方向一致,这样才能完全体现太极拳的整体性及基本要求。

(4)此式"上步七星"以防御为主,变化中含有进击和闪化招式。"七星"是指人体的头、肩、肘、手、胯、膝、足这七个部位(这里是"外七星"),在作用上,利用这些部位配合上步和整体运功,可以运用顶、打、撞、击、靠、蹬、踢等多个动作,若被对方用右掌抓住左腕,虽臂略沉化,但身可即趋前,右手经架、掤、解、拿等动作,变拳出击其胸,右脚踢其下部。

第三十一式　退步跨虎

【动作】

接上式。重心和左腿不动,腰胯松活而带动右腿撤回原来的地方,即往左踝内侧退回原步,右手随身略右转,臂回转后再内旋向上击出,拳眼朝内,左手从胸前向左下搂回左膝上。(图2-90)

图2-90

【要点】

(1)后退时应注意右脚落点,脚尖先落,不要与左脚踏在一条线上。

(2)右拳回收与出击均是圆形运动,左手与右手在撤退时呈分开势,两臂均保持弧形。

(3) 要保持头正身稳，腰胯旋转时应顺其自然。

第三十二式　双旋摆莲

【动作】

1. 扣步压肘

接上式。腰身右转，重心渐移至右脚，同时，右拳渐变掌往下划弧，后左右胯侧，左手从外向上、向内随身转划弧。（图2－91）

2. 坐跨转身

当重心移至右脚时，以右脚跟为轴，提起左脚，在腰与胯的带领下，左脚由左向右随转体后摆动，转体共360°，其中身体转幅90°，脚转幅270°，左脚从原地起后回原地，转幅360°。两手掌也继续随转体摆腿而划弧，并与左脚面拍面后，右掌划弧至头前额面，掌心朝外，左掌划弧，至左侧与肩平，照掌（竖掌微屈）。（图2－92）

图2－91

图2－92

3. 旋风摆腿

左脚落定，微屈膝，承受重心，腰自左向右转，右脚自左向右上方呈弧形外摆，膝部自然松活，脚高在两肩之间，脚背略侧向右，同时两手掌自右向左迎着右脚面拍击，成弧形出去和收架，左手在先、右手在后，拍击脚面时，身体由右向左转，头正，眼随两掌拍击而视。

【要点】

（1）动作1为退步跨虎后变成双摆莲的一个衔接过程，暗含化势，右采左封，需做得松活，才能为转体摆腿做准备。

（2）左腿起脚前是虚步势，右腿要保持重心稳固，膝屈裆圆，胯松腰活，腰隙间顺势动而内随，调节气息，劲贯四梢。

（3）两肩肘松柔，屈臂旋摆，划弧运动，身腰带摆而圆转合体，自然架起弧形，手掌顺势拍击脚面。

（4）整个旋体动作皆以腰胯为动源，臂领腿促，上下协调，重心分明，身体平衡稳定。

（5）右脚摆莲是通过横劲腰意带动，这要认真体会到，另外要注意左膝微屈和高度不过头。

第三十三式　弯弓射虎

【动作】

接上式。左腿渐下蹲，右脚落地于原处，两掌随转体向后摆，右臂插着外旋，掌心朝上翻，屈肘架于头上，左手向左前方推出，高与肩平，眼视左掌。（图2-93）

第二章 武当三丰太极拳三十八式（初级）

图 2-93

【要点】

（1）两手趋右，摆腿落下，拍击脚面后，随腰身左转而右架左推，要立身中正，动作协调，劲整而手脚齐到。

（2）右肘不可上抬，肩部要下沉松活。

（3）右接前左腿时，动作要连贯，不可有停顿。

第三十四式　丹凤朝阳

【动作】

1. 右朝阳

接上式。腰身左转，左脚外摆45°，重心在左腿，随身转，右手与右脚同上，右手变拳由上向下再向外转臂划弧而出，拳与眉高，拳眼向里，右脚经左踝外侧向左前方划弧，距尺许处虚脚点地，眼视右拳前方。（图2-94）

2. 左朝阳

右脚渐实，主承重心，微坐屈膝，右手变拳划弧，向下往里压回腹前,同时腰身右转,左手与左脚同动,左手由下往上内旋,翻掌变拳,划弧击出,于转身的同时至左侧头前,拳与眉高,拳眼向里,左脚经右踝外侧向右前方划弧迈出,距尺许处,虚脚着地,逐步承受重心。(图2-95)

图2-94　　　　　　　　图2-95

【要点】

(1)上式"弯弓射虎"后,转身上步时坐身、撇脚,上腿要虚实分明,手脚同上。

(2)虚步式上实(拳)下虚,脚要保持松活之趣。

(3)身体转动,两手中一边化压,一边旋出,协调一致,由腰身带动而行,切忌分散。

第二章　武当三丰太极拳三十八式（初级）

第三十五式　独立搬捶

【动作】

1．独立抱球

上动不停。重心移至左脚，身体前移直起略向左转，右手与右脚随身左转时，右脚提起呈左脚独立式，左手与右手在胸前划立圆，交叉过后，右手在下腹前，掌心朝上，左手在头前，两掌心相对，呈抱球状。（图2－96、图2－97）

2．进步搬拦捶

右脚与右手随身体左转而向左划弧出动，动作与第十式进搬拦捶相同。（图2－98、图2－99）

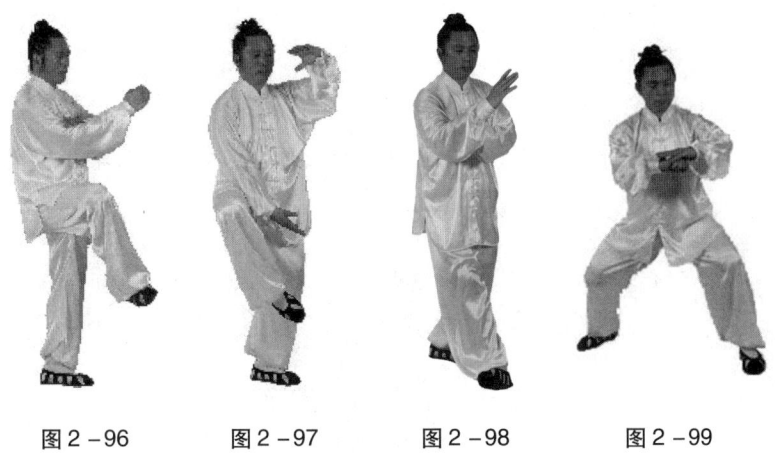

图2－96　　图2－97　　图2－98　　图2－99

【要点】

（1）此势在进中上步，进中护化而击，重心变换虚实灵活，做到"迈步如猫行",速度均匀,呼吸顺畅,上下相合,脚手齐动,身正、步稳。

(2)步法和手法要随腰转动,搬拦时不可抬肘,右拳出去呈螺旋式,定式为平拳,虎口转身内,拳自然握实,意达所致。

第三十六式　如封似闭

【动作】

1. 开合搓手

接上式。右拳意往前出,随后往后收回,平拳由外旋转腕,渐变至掌,同时,左掌也意在拳上,先往拳背和腕处回搓,随后往前平掌推出,重心稍向后坐,成合手搓手之开抱式,两掌心相对。

2. 双揉封闭

接上式。在腰意带动下,抱球式之双掌慢慢合拢,并随着重心的前移而向前推按而出,两掌相对成竖掌,间距由大渐小,前手(左手)不超过左膝。(图2-100)

图2-100

第二章 武当三丰太极拳三十八式（初级）

【要点】

（1）此为典型的暗劲训练式，开合搓揉时要求神意气一致。

（2）注意重心随身体的细微变化，身正松肩坠肘，弧臂要符合要求。

（3）这是欲开先合、欲合先开的有开有合的训练，要注意分法、开合、明暗等劲。

（4）要认真体会右拳回收由拳变掌之势。

第三十七式　十字化手

【动作】

1. 侧架十字

接上式。腰身左转，重心渐至左脚，右手随身转之时，向前推过左手，并随左手向上掤起，至侧身十字架上手。（图2-101）

2. 十字分披

上动不停。腰身右转至马步中裆，十字架手在面前，左右手各自分两侧划圆弧至腹前往下。（图2-102）

图2-101　　　　　图2-102

【要点】

（1）整套太极拳行架结束时，仍要心平气和，松活自然。

（2）气归丹田，头顶是意，中正不偏，两臂自然下垂，由动势回归到静势，气息神意渐至收敛。

第三十八式　天地合一

【动作】

回弧划一到面前，十字架手后下，气流丹田的动作与开头双手捧天、气流丹田相呼应，完成"天地合一"动作作结束式。（图2－103至图2－105）

图2－103　　　　图2－104　　　　图2－105

【要点】

如果连续练习两遍，可以由上述十字分披的动作变为太极预备式的气沉丹田，继续演练本套太极拳。如果即将结束，即在如

第二章　武当三丰太极拳三十八式（初级）

封似闭到十字分披后，收回左脚，身体直立，然后气沉丹田，完成"天地合一"之结束式。

第三章　武当三丰太极拳三十八式（中级）*

预备式　双手捧天，气沉丹田

【姿势】

面南直立，自然中正，全身放松，两眼平视，头正直，项松竖，头顶虚灵，仿佛上顶有线悬梁之意；下颌微收，齿轻合，唇轻闭，内舌轻触上腭；两臂坠肘下垂，沉肩松胸，气含小腹，肘不贴肋，手心向里，中指肚轻贴腿侧（裤缝）；松胯圆裆，两膝似直非僵（似弯非弯），两脚与肩同宽，脚尖朝前；呼吸顺遂平畅，意守丹田。

【要点】

（1）此预备式及无极式，其基本要领均体现了太极拳贯穿始终的各项要求，故在行拳过程中均应一贯持守这些法则。

（2）此无极式暂未分阴阳虚实，重在呼吸自然，意守丹田，虽静犹动，势如张弓待发之动意，守我之静，待人之动。

（3）思想集中而虚静无物，神气抱一而达无形无象之感，然意存丹田而待动，保持平和静气，安详随和，全神贯注而内敛神气之韵。（图3-1）

---

* 中级有若干招式与初级一致。

第三章 武当三丰太极拳三十八式（中级）

图 3-1

【动作】

1. 双手捧天

图 3-2

两臂分别从两侧抬起，意念跟随手动，腕、肘整体一起向上缓慢抬起，沿斜前方（与身体成15°～45°夹角）向上抬至眼高。吸收地之灵气之势，灵气向上运行，手指领意，劳宫吸天之精华，手臂从裤缝侧上行时，由臂之转滚而手掌逐渐向上，捧天之精华之气，当到达眼高时，又转腕向内，向人体正中线前合拢，掌心遂变朝下，十指相对，将天地之精灵汇聚百会穴。（图 3-2）

2. 气沉丹田

接上式（在十指相对掌心朝下时）。前臂沿体前以抱球状下行，做不明显呼气，意念百会真气下行人中穴，达鹊桥，沿任脉，经天突、璇玑、华盖、膻中、中脘、神阙，聚回丹田。双手

亦同达下腹，后分别沿带脉斜下胯边，回至无极式。（图3-3、图3-4）

图3-3　　　　　　　　图3-4

【要点】

（1）这是一个深呼吸的过程，意念周天循环，呼吸要彻底，手意牵引要协调，吸尽天地灵气，真气存聚丹田。

（2）这也是开始进入状态的一个起势，保持全身放松，心情平和舒畅，动作慢，匀称一致，自然呼吸，基于自己的熟练程度而掌握动作。

（3）拳经云："先在心，后在身。"修道即修心，故首先要心无杂念，开始练此功也要遵循"有为"的存想内观之法。此运行大周天之功是，是先扣脚十趾而提涌泉吸地之灵气，实质一是稳定脚跟，二是活动经脉，沿阴跷上行，缩阴提肛，过三关到达百会。此时，两手劳宫及天门九宫打开，吸收天之精华而汇聚百会，再由百会沿任脉下到丹田，此中真气保存，鼓腹蓄气，废秽之气随放松之体散发体外。

（4）这一过程意念可强可弱，不可过僵过执，动作要慢，

第三章 武当三丰太极拳三十八式（中级）

意念、动作、呼吸三合一，要协调。要注意，预备式的气势决定了整个行拳的效果，需下功夫练习。

第一式 太极起势

【动作】

1. 双掤撑掌

两臂分别内动，向上掤起，手心由相对变为向下，上掤同时胯膝下坐，气在丹田，慢慢屈膝成115°（屈膝度根据架势高、中、低而定，通常以中架为例，以下均同中架）。掤至臂与肩平，要意达指梢而微微坐腕。（图3-5）

2. 虚步下切

上动不停。重心在左脚，右脚向外辗后变虚，脚尖着地，同时左手随身体外旋，掌心朝外，屈臂沉肘格架在头上，右手内旋向右下方切下，至膝下足三里侧。（图3-6）

图3-5   图3-6

【要点】

（1）遵循拳经"一动无有不动"之原则，全身在放松的前提下，用意不用力地开始柔和运转，轻灵与沉着俱在，变换虚实，注意上下，一动就开始体现阴阳。

（2）行拳中腰身、手、腕、肘、胯、膝均活而不僵，活而不乱，松而不懈，刚而不僵，以意引动，有规则地转动，身体似屈非屈，似直非直，动作到位，意气也一并到位。

（3）一般按照呼吸自然的原则，多以起时吸，沉时呼，即上吸下呼为主，但均不明显用口鼻，行拳保持匀、细，因其动作缓慢而又深长，所以一般开始学拳架动作时，不必过分注意呼吸方式，而应时时注意气沉丹田而意于腰腹，活于胯部。

第二式　转身掤掌

【动作】

1. 抱球独立

接上式。重心移至右脚，右手由足三里外侧向右上臂转划弧至头前格开（与头平），左手掌心由外向内、向下，随身体起立划弧至前裆处；左脚随手弧形辗转而提起，身体保持正中，背直不屈，两掌心相对，右腿微屈。（图3-7）

2. 转身架掌

接上式。由腰转带动左腿向后（东北），左脚向前落地，脚尖先着地，成左前进步；左手随身体由下朝上划弧掤起，掌心朝里，右掌由眼下经胸前向左腋下推出，竖掌式，掌心向外，定型时，手、脚、身、步到位。（图3-8）

第三章 武当三丰太极拳三十八式（中级）

图3-7

图3-8

【要点】

（1）此拳步法灵活，仅从开始的动作中便可以看出步、腿的灵活度，同时要求步、身、手齐到合一。

（2）动作连贯性不可分割，劲不宜断，在定型时，微有内劲到达之意，非单操练时，不得用力或发力。

（3）此拳架攻防意义较强，练时虽不专注攻防作用，但要明晰其用法。此转身上步、上掤下打之法，动作显明，同时可变作左揽雀尾式，唯方向相反，用法不另叙。

第三式 揽雀尾式

【动作】

1. 回身抽掌

接上式。由腰身带动右手,由竖掌变内旋成仰掌,往右回抽,左手外旋变压掌和外切掌;左脚回扣(即以脚跟为轴,脚尖向内转30°),身体变成右靠弓进步。(图3-9)

图3-9

2. 虚步拧转

上动不停。重心移至左腿,右肘下沉,右手外翻,带前臂滚旋,右脚变虚,以后跟为轴,外摆45°;左手由胯下翻掌向左前方到右上方划弧,至面前时,右脚沉实,承担重心,左脚虚起,从外低扫圆弧至正南方,离右脚一小步但未落地;左右手掌心相对成拧合劲。(图3-10、图3-11)

3. 上步靠掤

上动不停。左脚落地着实,右脚急上步于左脚侧,向斜前方(东南方)出步,身、肩、膝同到;右手由胸前划内旋弧至裆前,左手随拧劲沉肘,转回头前,掌心朝面。(图3-12)

第三章　武当三丰太极拳三十八式（中级）

图 3－10　　　　　图 3－11　　　　　图 3－12

4．撩肘掤

右手由裆前朝外，由下至上，再由肩、肘、手节节贯穿，划弧上掤至右侧前方。左手在后，掌心与右手相对。（图 3－13）

5．马步履

右手向右前方掤至与肩高，膝与肘相合，手尖与脚尖相对时不再往前；右手掌心转向朝上，左手掌心朝下。接着右手由外向内翻掌，左手由内向外翻掌，重心移至左脚，左手在前，右手在后。当向左边履过时，右脚变虚，右掌心向下，左掌心向上。（图 3－14）

图 3－13　　　　　　　　图 3－14

6. 上步挤

上动不停。左手从左脚后收，再向右肘处，掌心朝上捅出；同时重心移至右脚，左脚跟左手一起上步，脚跟先落地，承担重心；右手从左手至左肘下抽回，再沉左肘滑滚向左手，掌心向外。（图3-15）

7. 落步按

当左右两手交叉会于右膝时，两手随臂转翻掌，并搂过右膝，收回腰间后从腋下推按出去；当手搂过膝盖时，右脚提起，蹬脚后落地，肘至，脚到，手到，成马步双按掌式。（图3-16、图3-17）

图3-15　　　　　图3-16　　　　　图3-17

【要点】

（1）此式分解动作多，较为复杂，也是区别于其他拳架的独特标志。实际运用时要注意手、身、脚、意、气、力齐至。

（2）此式劲力明显，靠、挪和落步双按是典型的力点（力点是实际用法上的技击发力处），要注意体会。

（3）式中连绵性强，不能脱节，要一环套一环，在推手和

第三章 武当三丰太极拳三十八式（中级）

技击中如配合得好，则很具威力，但不能散乱。

（4）此式步法变化多而快，步幅大小可根据自己的架势变换，但虚实一定要分清，实腿承受重力时要沉裆、敛臀，并保持腰胯的灵活。

第四式　顺拉单鞭

【动作】

1. 左右平带

接上式。左手朝上微翻掌，向左随身体带回，右手在距左手尺余时，掌心向上，托肘之意，随身向左移，重心在左脚，左脚以后跟为轴随手臂向外转，右脚后跟不动，前脚掌回扣，与手臂同向。（图3-18）

在左脚尖转向东南方的同时，右手由仰掌旋臂成向外、向下的抓掌，左掌变托掌，向右以右脚为重心拧带；脚法与前相反，即以右脚跟为轴向右侧随身、手臂移45°，左脚以同样方式回扣45°。（图3-19）

图3-18

图3-19

2. 平撩上架

左脚收回，随身起立，左手护右肘，右手从斜前方突出；然后右手翻掌，掌心向下，向左前划圆捧起，左手由护右肘到身前成十字架手；重心在右脚，左腿随机提起蹬出，左手划弧后，拍打左脚脚面（图3-20至图3-23）。

图3-20　　　　　　　　图3-21

图3-22　　　　　　　　图3-23

第三章 武当三丰太极拳三十八式（中级）

3．挥出单鞭

重心仍在右脚，右手由掌变成勾手，气下沉，左脚、左手由腰带动一起向左前方挥迈而出，左脚变成左弓箭步的姿势。（图3－24、图3－25）

图3－24　　　　　　　　图3－25

【要点】

（1）在左右平带过程中，拧劲等暗劲是关键，要求也很严格。

（2）像两掌相对，意为把持手和肘，时时可以采挒之劲制住对方，往返之变是根据对方使力的变化而变，折叠过程中的身、腰、脚均要变化一致，体现整体性，如此才能制敌。

（3）图3－19、图3－20的插撩之变，即为变化无方之意，根据对方空处、破绽处而击，上架十字手，下出进腿，落步而顺掌到，动作圆而连贯，有一定的搏击效果。

第五式　回身提手

【动作】

1. 回身化走

接上式。重心右移,左脚尖回扣,右腿受重力,左脚和左手同动,左手向下、向怀内划弧护面;左脚经右脚边向正前方迈出,定于正前方。(图3-26、图3-27)

2. 上步插提

身体重心移至左脚,右脚右手同动,右手由上向下与右脚一起侧身向正前方,随身屈膝坐身,在正前方右手经膝前插掌向右脚尖,随之由腰带胯、带腿随动,右手变勾手,与右脚一起随身上提,上达与肩平,成勾提手式。(图3-28、图3-29)

3. 落步按封

重心在左边,腰身带动右胯,腿与手、臂一起下落成马步,左手随身化收回腰间,右手随落而按切在裆前,掌心向内,形成马步切掌式。(图3-30、图3-31)

图3-26

图3-27

第三章　武当三丰太极拳三十八式（中级）

图 3-28　　　　　　　图 3-29

图 3-30　　　　　　　图 3-31

【要点】

（1）《太极拳论》云：粘就是走，走就是粘。单鞭之后的左手应对来敌之变，就是粘化之法，粘后护面，侧身上法，护身打下，随化随进，其妙法也。

（2）提手之式，即右手勾与右脚尖，有一根线带着之意，连呼吸一起同动，落步双手按时呼气。

（3）身法要协调、稳固，沉肩松肘，意在腰际，带动全身。

第六式　白鹤展翅

【动作】

1. 上步搓掌

接上式。右手和右脚同时由右向左再向身前划弧形，右脚上步，右脚跟先着地，掌心随动而滚翻向上，左手从胸前经右肘处往下搓推而出，掌心向下，左脚同时上步，脚尖着地，形成右实左虚步。（图3-32）

2. 分掌抖翅

重心后沉，气沉丹田，双掌随呼吸拉丝式分开，右手向右上扬至头右侧，与头同高，左手下至左膝附近。（图3-33）

图3-32

图3-33

【要点】

（1）上步搓掌时，先右手粘擦，左手臂有挤靠之势，然后有搓掌拉丝之意。

（2）分掌抖翅要有头手向上之气势，由腰意发动，略带抖意展翅，拉丝要有展翅舒伸、身肢拔长的感觉。

（3）回身坐胯，沉气平身，但上头要有意识提起朝上，下体稳重，两臂成弧形，松肩沉肘，身体中正。

第七式　搂膝拗步

【动作】

1. **虚步下切**

接上式。右手向头前拂面而下，左手向外、向上划弧至头侧，同时身体下沉，重心由右腿换到左脚。（图3-34）

2. **起身揉球**

腰身慢起，重心变在右脚；同时手臂弧形与腰身一齐同动，右脚虚点地，左手抱于前胸，右手呈抱球状。（图3-35）

3. **搂左拗右**

重心在右腿，左脚提起，向左前方呈弧形迈出；左手同时翻掌，拂过右腿膝盖处，置于膝左侧；左脚先以脚跟着地，随着重心渐移而左脚踏实，承受重力，成左弓步；右手随身体重心前移和腰身左转而手指在前，经右肩前呈弧形推出。（图3-36）

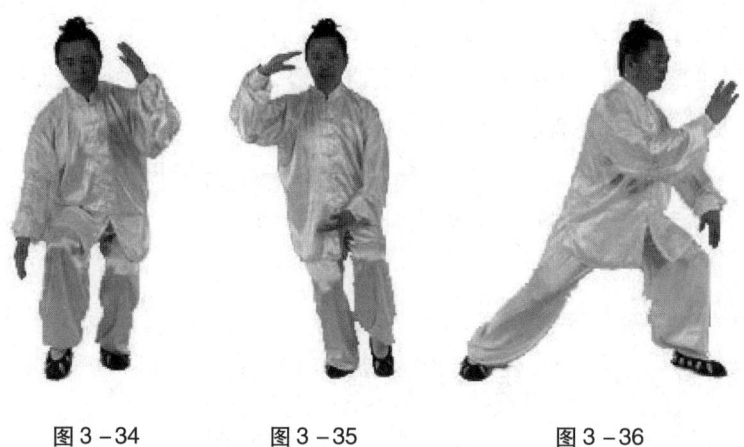

图3-34　　　　　图3-35　　　　　图3-36

【要点】

（1）两手的弧形拂划必须随腰身同动，腰、胯的转动要稳，重心要分明和稳固。

（2）在做动作的过程中，眼神要看着运手的中指肚和定势后的前手或高手，或透过中指肚的一两米处。

（3）过渡动作也要圆满、柔和、顺畅，不可滞顿，做动作时神意要饱满。

（4）搂膝之手臂呈弧形，不要伸直，推出的右掌要求先是五指朝前，有牵引之意，呈水波或弧形推出，到定势，即与左弓步脚尖相对时，微微坐腕，有神达力吐之意。

（5）此势慢动练神意，实用时要注意领会、快速运用。

（6）此动作可以连续做三个，中间有一个左右搂膝拗步的转换。

第三章 武当三丰太极拳三十八式（中级）

第八式　怀抱琵琶

【动作】

1. 坐掌开合

上动不停。重心渐移至左腿，右掌坐腕后随身往前下推出，护在小腹与裆之前；而右腿随跟而上，至左脚边落地，承受重心。

2. 手挥琵琶

左手由下向后、向上，再向前，即外旋至前，与左脚同时。左脚提起向前，距原地一小步落下，先以脚跟着地，脚尖微翘，后虚平左脚，成左虚右实步，两手掌心相对，目视左掌中指肚。（图3－37）

【要点】

(1) 由搂膝拗步变到手挥琵琶，要自然顺和，随身而上动，有

图3－37

一种上手必进身的气势，即右掌下化后撤略护胸，是以腰身为轴，腰身与跟步同时而动。

(2) 左手圆弧之形是由身、肩、臂、肘、手贯穿的，左臂不可直，手要直展。

(3) 掌心相对之合劲是暗劲的训练，两掌心距离为手腕至肘部一臂距离。

第九式　搬拦捶式

【动作】

1. 合掌揉球

两掌相合，掌心相对，似搓掌揉球。(图3-38)

2. 转身顺掌

上动不停。提左脚向左侧横开尺许，同时左臂呈掤弧形一起格挡势，重心由前往左腿方定时，右手顺身在左臂下推掌坐胯。(图3-39)

3. 回身抽掤

上动不停。腰向右转靠，意达右肩井穴处；右手与左手相搓画圆后，掤向右侧；重心转移右腿，右手由护裆拂至左胯侧，右腿成右弓步。(图3-40)

图3-38

图3-39

图3-40

第三章 武当三丰太极拳三十八式（中级）

4. 侧身上步搬

上动不停。身体左转，重心随腰渐转至左腿，右腿提起向前经左腿侧划弧出腿，落在距离原地两脚外的地方；右手划圆弧与左手叉于胸前，右脚跟先着地（图3–41、图3–42）。

图3–41　　　　　　　图3–42

5. 进步拦

上动不停。渐至承受重心于右脚，脚落全实，同时左手由左侧向前拂过；左腿随身体的右转而上步。（图3–43）

6. 落步捶

右手经头向右侧内旋，从右腰间推出。同时，左手护左侧，掌内旋360°后，与到达左侧身前的右捶一同推出，左掌护于右捶之上。（图3–44）

【要点】

（1）此式在进中上步，进中护化而击，重心变换，虚实灵活，做到"迈步如猫行"，速度均匀，呼吸顺畅，上下相合，脚手齐动，身正、步稳。

实用武当三丰太极拳三十八式

图 3-43

图 3-44

（2）步法和手法要随腰转动，搬拦时不可抬肘，右拳出去呈螺旋式，定式为平拳，虎口转向身内，拳自然握实，意达所致。

第十式　如封似闭

【动作】

1. 开合搓手

接上式。右拳意往前出，随后往后收回，平拳由外旋转腕，渐变至掌，同时，左掌也意在拳上，先往拳背和腕处回搓，随后往前平掌推出，重心稍向后坐，成合手搓手之开抱式，两掌心相对。

2. 双揉封闭

接上式。在腰意带动下，抱球式之双掌慢慢合拢，并随着重心的前移而向前推按而出，两掌相对成竖掌，间距由大渐小，前手（左手）不超过左膝。（图3-45）

图 3-45

【要点】

(1) 此为典型的暗劲训练式,开合搓揉时要求神意气一致。

(2) 注意重心随身体的细微变化,身正松肩坠肘,弧臂要符合要求。

(3) 这是欲开先合、欲合先开的有开有合的训练,要注意分法、开合、明暗等劲。

(4) 要认真体会右拳回收由拳变掌之势。

第十一式　十字抱球

【动作】

1. 侧架十字

接上式。腰身左转,重心渐至左脚,右手随身转之时,向前推过右手,并随左手向上掤至侧身十字架手。

2. 十字分披

上动不停。腰身右转回至马步中裆，十字架手在面前，左右手各自划圆弧而下，至膝前，掌心朝外。（图3－46、图3－47）

图3－46　　　　　　　　　图3－47

第十二式　野马分鬃

【动作】

1. 右分鬃

接上式。变成抱球式后，身体稍右转，左脚以后跟为轴内扣转45°～60°，随后腿承受重心，右手与右脚在腰身带领下，随左转而上步；右手划弧，由右下向左上回到身前下部，右脚落于左脚边，虚尖点地；左手在转身的同时由下而上划弧，两掌成抱球状；动作不停，腰身带右胯、右脚朝右前方迈出一步，尺半许，右手同时向外，由下至上翻臂划弧，左手与右手相交，由上至下带弧而行，成右弓半马步。（图3－48）

2. 左分鬃

右脚尖外撇 30°～45°后承受重心,腰微右转,右胯收住,左腿提起,虚点地于右脚侧,右掌内旋、下沉,平肩,左掌随转,由下至上与右掌在胸前交叉后,置身前下部,与右掌呈抱球状。随后,左脚渐缓向前偏左迈出,具体幅度随腰身而定,腰身向左转,脚尖与膝盖尖方向一致,与右脚尖基本平行,形成左弓腿,同时,左掌随转体向前由下至上,翻臂转腕划弧形掤出。(图3－49、图3－50)

图 3－48　　　　　图 3－49　　　　　图 3－50

3. 右分鬃

动作与左分鬃相同,方同相反,是其动作的重复。(图3－51 至图3－53)

实用武当三丰太极拳三十八式

图3-51　　　　　　　图3-52　　　　　　　图3-53

【要点】

（1）此式虽在方式幅度上有定位，但没有一定准确的度数，运用时主要与腰胯定位，后腿动作一致，才能保证身体平顺。

（2）动作中开合有序，上下相随，采捌交错，要做到连贯和顺，圆转平稳。

（3）每一手的动作均是圆弧形运动，并且伴随着转臂翻腕之内外旋，中间交叉有采意（为合），分开即捌意。

（4）后腿的提起和迈步，全凭前腿胯根处稍微外旋内收，下沉坐实，做到身正、肩平、肘不夹肋和气落腰围，小腹与后腿自觉松净，起步自如，迈步轻灵。

第三章　武当三丰太极拳三十八式（中级）

第十三式　玉女穿梭

【动作】

1. 进西南角

身体重心在左，左脚往内扣45°～60°，腰身随之右转90°；同时右勾手，随转拳变掌，向下划弧经腹前右侧，左掌随身右转时，下收划弧至左侧胯边；重心已渐移至右腿（图3-54），随之身体继续右转，左脚上步，左脚经右脚前向西南方向划弧，与地面划270°后落下；左手由下向上划弧掤出，随左脚落定承担重心后，右手同时下沉，从右臂下按推（图3-55）。

图3-54

图3-55

2. 转东南角

身体后坐，重心由左变右，同时左臂下沉，左手由内向下、向外划弧掤出，右手意先往左坐腕后往右回抽，两掌心相对，相距抱球约一尺。（图3-56）随后腰胯回向左腿，重心移左，虚起右脚，左右手揉球翻掌，即由上向下划立圆，由采变挒，随后脚向右后侧划弧至东南方落定，同时，右掌由下至上掤出，左掌由上至下推按而出。（图3-57）

图3-56　　　　　　　　图3-57

3. 走东北角

接上式。身体后坐，腰身微向左转，虚起右脚，右臂下沉，微屈肘，右手翻掌，左手转腕，拂于右肘下侧；随后提起右脚，右脚与腰身一起向侧前方（东北方向）迈出尺半许，随后落定承重，并以右脚跟为轴，身体右转，左脚随右转上步，在右脚前尺许落定；同时，左掌由下至上划弧掤出，右掌翻掌，从肩平处往左臂下划弧推出。（图3-58、图3-59）

图 3-58　　　　　　　图 3-59

4. 回西北角

重心随身体右转，渐移至右脚，左脚内扣 45°～60°，右手由腰带转，掤掌内旋，与左手掌心相对，成揉球状；随后，腰身左转，提起右脚，向右划弧，至西北方落定，左右两手揉球搓掌后，随右脚落定，右转身腰，两手分别掤推而出。此式与动作 2 相同，唯方向不同。

【要点】

（1）玉女穿梭是打四斜角方向，能典型体现采挒肘靠的特点，旋转灵活，角度大，在开合和揉搓中神意要充分转动，注重"内气潜能"。

（2）身体保持正直，姿势平稳，动作沉稳活松、轻灵，连贯相随，一气呵成，手脚协调，忌忽高忽低、俯仰断停等。

（3）臂腕转动和揉搓（采挒）之时，掤劲不可丢。

（4）推按之手直中有曲，弓步方向时回脚内扣，虚实变换，这些都要标准到位。

（5）玉女穿梭周行四隅，封打四角，连绵不断，纤巧灵动，犹如织锦穿梭，故称玉女穿梭。因其忽隐忽现，随动而击，将拿人、击人和发人之法融贯其中，通常以我之手臂托架，或粘或拿对方之手臂，另一手同时向对方肋间进击，即上封下击，要求步法灵活，身法到位，一击而中。另外，此架势全身活动，腰意带动，可使胸背腰脊以及各关节在圆弧运动中得到锻炼，结合内丹之呼吸吐纳，有助于脏腑器官得到运动，且有助于提高内功。

第十四式　白蛇吐信

【动作】

腰身右转，重心右坐，左脚内扣，左手同左脚一起向正前方划出，左手内旋，由下至上后托掌推出，虎口张开，左脚经右脚前划弧迈出，虚脚尖以跟着地，右手由上向身体内侧臂压下，置左臂肘上，随后与左手来回搓推一次。（图3－60）

图3－60

【要点】

（1）转身后坐、化掌、托掌、出掌均要保持松活等基本要求。

（2）虎口张开和五指张开时助气达到指尖，为练指功。

（3）搓推一次呈掌心相对，体现似蛇吐信封喉或戳脸、睛之状。

第三章　武当三丰太极拳三十八式（中级）

第十五式　转身肘靠

【动作】

身随左脚承重心而上，左手同左脚一起随身回向正前方划推，然后左手与右手合，左手内旋，身随由右后转随270°。（图3-61、图3-62）

图3-61　　　　　　　　图3-62

【要点】

（1）转身后坐、化掌、托掌、出掌均要保持松活等基本要求。

（2）虎口张开和五指张开时助气达到指尖，为练指功。

（3）以左脚为轴，左脚后跟为轴点，左膝微屈，转后的重心移至右腿。

第十六式 开合摆腿

【动作】

1. 开合分掌

腰身左转,左脚稍外撇,重心前移至左腿,同时两手由胸前变掌向左上至右下分捌出击,左掌心由朝上变为朝下,右掌心朝下。(图3-63)

2. 摆腿落步

身体继续左转,提起右脚,从左侧上左手拍打脚面,再朝右外摆而出,在原脚前尺许落地;右手同时划弧,至落脚时搂膝,左手随落脚后以搂膝拗步式推出。(图3-64、图3-65)

图3-63　　　　图3-64　　　　图3-65

【要点】

(1)右脚外摆腿是在两手由合到开后,从下而上踢再分

第三章 武当三丰太极拳三十八式（中级）

摆的。

（2）落脚后顺势一个搂膝拗步式虽在动作说明中略说，但在动作中要求跟右搂膝一样。

（3）踢脚时有身肢拉长、腰膝放松之意，立腿稳固、腰腿同转。

第十七式　进步栽捶

【动作】

接上式，即左手推划而出成右弓，左手继续变搂膝拗步而随腰身和重心转移，左手搂膝不停，经右下回到左上，右手推划而由掌变拳，由上至下推出，经过面头前呈弓形向左脚击捶。（图3－66）

图3－66

【要点】

（1）这是搂膝拗步的变化之式，由掌变拳有其实用威力。

（2）要保持沉腰坐胯、松肩屈肘，腰转和侧折时，颈脊、腰脊仍要保持成一直线，不可弓背或低头。

93

第十八式　撇身劈捶

【动作】

1. 回身右（肘）靠

腰身右转，重心渐移至右腿；意以先右靠背，右臂屈肘，左手随身向左下划弧（图3-67）。

2. 撇身劈锤

右臂沉肘、翻拳，右拳从胸向上从右划弧翻拳而出，拳面朝上（图3-68）。

3. 上步盖掌

身体右转，渐提起左脚，与左手一起随身右转上步，落于脚前一尺许；左手由左向上划弧，经头上翻掌压盖至右捶上，右捶随身略下，划弧收回（图3-69）。

图3-67

图3-68

图3-69

【要点】

（1）此撇身劈捶在承接架势上，注重先有背靠，接有屈肘之击，再有撇劈之捶，要注意体会区别。

（2）由腰意带动的转身背靠等系列动作，体现整体发放的特点，手肘的变化是次要的。

（3）眼神要顾及动作。

第十九式　进搬拦捶

【动作】

1. 提膝蹦

接上式。右手右脚同上。右手从胸前向左手外侧由下向上掤起，右脚提膝护裆。（图3-70）

2. 落步搬

右脚从左前方落后跟，并以后跟为轴，随身右转，右手沉时，手护面，左手内旋，由外向内拦拂。

3. 进步拦

上动不停，左脚与左手同动，落步左前方。（图3-71）

4. 定步捶

右手划弧，随身与左手交叉于胸前后，继续在左脚与左手外拂下推出。（图3-72）

图3-70

实用武当三丰太极拳三十八式

图 3–71　　　　　　　　　　图 3–72

【要点】

（1）此势含有多种变化之式，是在进中上步，进中化解而发，重心变换，虚实灵活，上下相随，左右相合，脚手同动，身正步稳，腰身整体同动。

（2）步法和手法要随腰转动，腰胯灵活，搬拦时不抬肘，右拳划出呈弧或螺旋式，定式为平拳，虎口转内，拳自然握实。

（3）速度均匀，呼吸顺畅，化发于无形无意之中。

第二十式　提膝蹬腿

【动作】

1. 翻转挽花

右拳在左掌的拂护下翻腕变掌，两掌掌根相贴，掌心向外，成张口式。（图 3–73）

2. 膝挺腿蹬

身体左转，重心在左脚；两掌随身左转而收回左腰间；同时右腿提起，屈右膝，提脚伸直蹬出。（图 3－74）

图 3－73

图 3－74

【要点】

（1）翻腕变掌是化解和擒拿法，要懂得其用意。

（2）连贯配合的转向收掌和提膝蹬腿都要气沉丹田，运转灵活，保持头正、身直、脚稳。

第二十一式　要步亮拿

【动作】

1. 歇步照面

接上式。身体右转，收回右脚，右脚斜插于左脚之后，身体慢慢向右转下，坐成歇步；右手向上、左手朝下，两侧分别划

弧。(图3-75)

2．虚步下切

身体徐徐慢起，重心在左，两手向外旋，上下互照。（图3-76）

图3-75

图3-76

【要点】

（1）转腰坐身是回化防守之势，呈现只有招式之功而没有明显攻击之势，但由此势可变化出多种击技法，是典型的以守为攻、以退为进的招式，突出了武当拳贵化不贵抗的道家哲学思想。

（2）这些渡化、防守之势在内气锻炼上，结合身体起伏、腰身转动，对气血锻炼是颇有裨益的。

第二十二式　金鸡独立

【动作】

接虚步下切势。身体右转45°，提起右脚向后再向前划弧出尺许，落地；同时右手向上划弧翻掌变捶，置于头前，左手由上经胸前弧形下压至裆前，同时提起左脚，眼看右平视前方。（图3-77）

【要点】

（1）此式较为含蓄，含胸拔背，护裆沉气，独立要稳。

（2）与前两式要顺畅圆活连贯。

图3-77

第二十三式　披身打虎

【动作】

1. 左打虎

上动略停，腰胯带动左腿稍伸直后，向左转动90°，至正北面落地，渐承受重心，变至左弓步；左手随左腿转时，搂拂过左腿面划弧至头前成拳，右手也同转而由上至下弧形击捶，放置于左膝前，拳眼向内，左拳面朝外，右拳面向下。（图3-78）

2. 右披身

腰身右转90°（以后跟为轴，右脚内扣）；右手向右划弧，渐成右弓步，左手同时向下划弧变掌。

3. 右打虎

腰身继续右转45°，左手与左脚由外向身内划弧，左脚落地于右脚斜前方尺许；左手在上平肩，左脚承担重心，右脚提起，向右前方划弧迈出尺许，左右手同时划弧翻掌变拳，成右弓步，右拳在头前，拳面朝外，左拳拂手于右膝上，拳眼朝下。（图3－79）

图3－78　　　　　　　　图3－79

【要点】

（1）行拳要匀和，左右脚落地变换重心时要稳住重心，负重腿微屈膝，虚腿落地时应缓和轻慢，体现该式轻灵又沉着的特点。

（2）两手过渡到打虎式时，弧形要划得圆，不得呆滞。

（3）右披身势中变步上势要圆顺自然，手经过膝前时要有搂膝之势。

(4）圆臂屈肘，沉肩平气。

第二十四式　十字蹬腿

【动作】

腰身拉长上起，左脚提回，左手上划，与右手架交叉成十字（图3－80），以下同十字分脚之势，但重在蹬腿而不摆（图3－81）。

图3－80　　　　　　　　　　图3－81

【要点】

（1）此式作为重复和连接两式的过渡式，在蹬腿时要注意与上式稍异。其要点和用法均与前相同。

（2）身体重心要稳固，注意平衡力度。

第二十五式　双手插掌

【动作】

右脚收回着地；双手分别向下划弧，从腰间插出，掌心朝上；随即左脚上前半步，重心在右脚，成右实左虚步。（图3－82）

【要点】

(1) 手之合势与脚之上步要协调。
(2) 手向外插，不可超过前脚尖。
(3) 身体微坐，保持重心稳固。

图3－82

第二十六式　双风贯耳

【动作】

左脚落实，承担重心，身体上提，两手回时，分别由下向左右内旋翻腕变拳，向上画圆，至头前合拢，相距半尺，双手虎口相对，同时提起右膝。（图3－83）

图3－83

【要点】

（1）两拳向前、向下以及提膝时动作要协调一致。

（2）沉气松肩，两掌由下内旋翻掌，要有整体感，开合分明。

（3）分开对方双掌时或粘或化，变击对方头部太阳穴，并提膝击裆或进步插裆变双推，都是实用之法。

第二十七式　旋风摆腿

【动作】

1. 开合采手

身体左转，向左前方落下右脚，两拳变掌随身转动时，右手与左手交叉搓掌后，右手掌心朝前往外掤出，左手掌心朝下往左侧采分，重心转移至右脚，成右弓势。（图3-84）

2. 左摆腿（里合腿）

身体继续右转，同时以右腿为重心提起左脚，作内合腿，摆转180°，即左脚朝上、朝右做摆击，至头高处，右手拍击脚面，后随弧形落在西北方。（图3-85）

图3-84

3. 右摆腿（外摆腿）

上动不停。左脚落地变实后，起右脚，经身前向外做外摆腿击，随身右转180°，右脚外摆180°。（图3-86）

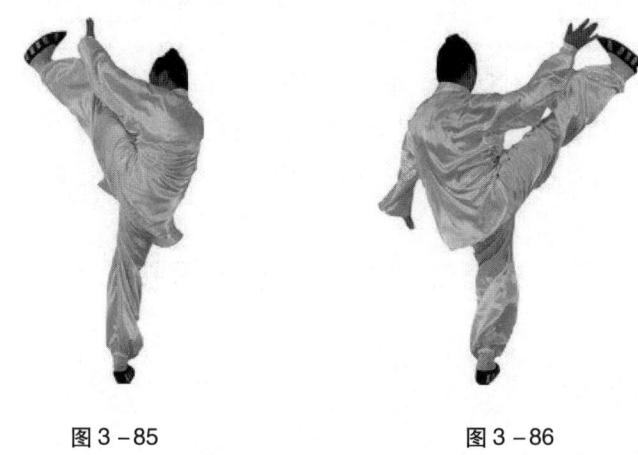

图3-85　　　　　　　　图3-86

【要点】

（1）此为武当三丰太极拳里唯一双腿连环的用法，且根据体力还可加上一个相反的右脚里合、左腿外摆的跳跃连环腿，但因其跳跃和速度会影响拳架的一致性，同时也因跳跃会伤气累丹，故在一般情况下不常用。

（2）摆腿一定要与腰身配合，用腰胯带动，劲达脚面。

（3）保持转身平稳，中心不偏，重心稳固。

（4）手与脚的相互配合及随后的划弧都要自然流畅。

第二十八式　推窗望月

【动作】

1. 上步插掌

腰身右转，右勾手变掌，内旋一圈，由下往右肋再朝上翻掌成圆圈划出，随后左手从左侧由左上向右侧随转身时向右下压盖，同时左脚随左手同动，盖过右脚一步（尺许）（图3-87），接着右手与右脚同上，右手从左肘至腕臂间滚穿而出，右脚落定承担重心，成右弓步（图3-88）。

图3-87　　　　　　　　图3-88

2. 勾手上式

右手变成勾手，松腰坐胯，蹲身下势，左手随身下蹲时由上而下划弧，经身前裆平而至左膝边，随后竖掌，由左手五指牵引上行，随之起身，重心移至左腿，成左弓步，右手随之下沉。（图3-89）

3. 回头看画

随着左手竖刀而起，左手五指牵引继续上行画弧，随之起身，重心移至左脚成左弓步，右手随之下沉。左脚以后跟为轴外撇60°，身体左转，左脚承受重心，腰松坐胯，右脚与右手由腰身带领同动，上步提起，右脚向外、向左前方迈出，在离左脚尺半处落下，随之继续左转而内扣落定，承担重心，后经左边挥出，随身体左转，重心移至左脚，右手继续划弧上行，左肩与左手交换上下位，随身坐跨而成仆步，呈正反两面。（图3－90）

图3－89　　　　　　　　　　图3－90

【要点】

（1）左脚在上步时，先是左脚盖过右脚而上，然后右脚再上步，足见其灵活性。

（2）不上步时，左手不向上划弧而下沉，坐身仆步。

（3）步间距离与仆下坐身之高度都要适度，起伏要保持平稳。

第二十九式　云手单鞭

【动作】

1. 左云手一

承接单鞭式，左脚尖里扣，身体右转，右勾手变掌自右而下划弧，重心在右，左掌随右转身而下划弧。

2. 左云手二

重心渐渐全部移于左腿，右脚向左提起（脚跟先离地），身微左转，右掌随转体至右下，向左划弧运转，当右掌划弧上至中心线头前时，小指朝鼻尖，掌心朝外翻，左掌也同时向左上划弧运出，右脚在离左脚一脚处落下（脚尖先着地）。（图3－91）

3. 右云手一

重心在右脚，左脚向左迈开一步（约尺半），同时，右手向上、左手朝下，依上述翻掌转臂原理划弧。（图3－92）

图3－91　　　　　　　图3－92

4. 右云手二

收左脚在右脚边，此时左手在下胁肘处，右手在上屈肘，于耳际边半尺许，再继续沿圆弧轨迹划弧，右脚变实，承受重心，左脚向左迈出一步（约尺半），重复第二个云手。（图3－93、图3－94）

5. 三云手转单鞭

两遍云手后，当重心在左脚时，右脚要随重心而动，以后跟为轴往外旋，身体随之由左向右旋转180°，即转身一面，然后右手由云手的抱球式转为左手交叉上架势，随着移转左腿过出，变成正面单鞭式。

重复上述第2、第3、第4的动作，这样重复两遍就是左右云手。

图3－93

图3－94

【要点】

（1）做云手时，身体转动时要以腰脊为轴，不可乱摆动，不可倾斜、前俯后仰，要做到"立身中正"。

第三章 武当三丰太极拳三十八式（中级）

（2）两臂运转时要自然灵活，要做到沉肩坠肘、主辅分明、上下清楚、左右手各自划半边身线的圆弧。

（3）当左右手上划至胸前到头时，要注意做到"小指朝鼻尖往外翻"，这样就能做到臂、腕、掌的滚翻锻炼，有助于活动经络和练习粘法。

（4）云手动作至少做两个，根据场地和运动量，可以增加到3～5个。

（5）在第三个云手之后，当重心在右脚时，右手在上，左手在下，而左手继续上划弧，交叉到右手前臂处成斜十字，提起左脚蹬踢而出，以下均同第四式顺拉单鞭，只转方向。

第三十式　上步七星

【动作】

1. 仆步下式

承接上式单鞭后，左手随坐胯而转腕。（图3-95）

2. 提步七星

重心在左脚，左腿屈胯前弓，随左手上行划弧，腰身继续微左转，右手与右脚从右向左同动，右手变拳由右往下向左划弧成抄上拳，面朝上，高与鼻齐，左手拂压在右肘上，右脚前踢蹬直，坐身保持平稳，头正，目视右拳上方。（图3-96）

实用武当三丰太极拳三十八式

图3-95　　　　　图3-96

【要点】

（1）身体不要摇晃，上体保持正直，松腰胯，活臂腿，重心在左。

（2）两臂均呈弧形（无论是走行还是定势），左手先是竖掌弧插，后转腕拂压，右手之拳用来技击，但是要如掤如打，不要明显地做成上场击打之动作。

（3）左腿屈膝独立，须"沉肩坠肘""虚灵顶劲""气沉丹田"，肘与膝合，向前的方向一致，这样才能完全体现太极拳的整体性及基本要求。

（4）此式"上步七星"以防御为主，变化中含有进击和闪化招式。"七星"是指人体的头、肩、肘、手、胯、膝、足这七个部位（这里是"外七星"）。在作用上，利用这些部位配合上步和整体运功，可以运用顶、打、撞、击、靠、蹬、踢等多个动作，若被对方用右掌抓住左腕，虽臂略沉化，但身可即趋前，右手使出架、掤、解、拿等动作，变拳出击其胸，右脚踢其下部。

第三十一式　退步跨虎

【动作】

接上式。重心和左腿不动，腰胯松活而带动右腿撤回原来的地方，即往左踝内侧退回原步，右手随身略右转，臂回转后再内旋向上击出，拳眼朝内，左手从胸前向左下搂回左膝上。（图3－97）

图3－97

【要点】

（1）后退时应注意右脚的落点，脚尖先落，不要与左脚踏在一条线上。

（2）右拳回收与出击均是圆形运动，左手与右手在撤退时呈分开势，两臂均保持弧形。

（3）要保持头正身稳，腰胯旋转时应顺其自然。

第三十二式　双旋摆莲

【动作】

1. 压肘转身

接上式。腰身右转，重心渐移至右脚，同时，右拳渐变掌往下划弧至右胯侧，左手从外向上、向内随身转划弧。（图3-98）

2. 坐跨转摆

当重心移至右脚时，以右脚跟为轴，提起左脚，在腰与胯的带领下，左脚由左向右随转体后摆动，转体共360°，其中身体转幅90°，脚转幅270°，左脚从原地起后回原地，转幅360°。两手掌也继续随转体摆腿而划弧，并拍左脚面后，右掌划弧至头前额面，掌心朝外，左掌划弧，至左侧与肩平，照掌（竖掌微屈）。（图3-99）

图3-98

图3-99

3. 右弧平扫

左脚落定，微屈膝，承受重心，腰自左向右转，右脚自左向右上方呈弧形外摆，膝部自然松活，脚高在两肩之间，脚背略侧向右，同时两手掌自右向左迎着右脚面拍击，成弧形出去和收架，左手在先、右手在后，拍击脚面时，身体由右向左转，头正，眼随两掌拍击而视。

【要点】

（1）动作1为退步跨虎后变成双摆莲的一个衔接过程，暗含化势，右采左封，需做得松活，才能为转体摆腿做准备。

（2）左腿起脚前是虚步势，右腿要保持重心稳固，膝屈裆圆，胯松腰活，腰隙间顺势动而内随，调节气息，劲贯四梢。

（3）两肩肘松柔，屈臂旋摆，划弧运动，身腰带摆而圆转合体，自然架起弧形，手掌顺势拍击脚面。

（4）整个旋体动作皆以腰胯为动源，臂领腿促，上下协调，重心分明，身体平衡稳定。

（5）右脚摆莲是通过横劲腰意带动，这要认真体会到，另外要注意左膝微屈和高度不过头。

第三十三式　弯弓射虎

【动作】

接上式。左腿渐下蹲，右脚落地于原处，两掌随转体向后摆，右臂插着外旋，掌心朝上翻，屈肘架于头上，左手向左前方推出，高与肩平，眼视左掌。（图3-100）

图 3-100

【要点】

（1）两手趋右，摆腿落下，拍击脚面后，随腰身左转而右架左推，要立身中正，动作协调，劲整而手脚齐到。

（2）右肘不可上抬，肩部要下沉松活。

（3）右接前左腿时，动作要连贯，不可有停顿。

第三十四式　丹凤朝阳

【动作】

1. 右朝阳

接上式。腰身左转，左脚外摆45°，重心在左腿，随身转，右手与右脚同上，右手变拳由上向下再向外转臂划弧而出，拳与眉高，拳眼向里，右脚经左踝外侧向左前方划弧，距尺许处虚脚点地，眼视右拳前方。（图3-101）

2. 左朝阳

右脚渐实，主承重心，微坐屈膝，右手变拳划弧，向下往里压回腹前，同时腰身右转，左手与左脚同动，左手由下往上内旋，翻掌变拳，划弧击出，于转身的同时至左侧头前，拳与眉高，拳眼向里，左脚经右踝外侧向右前方划弧迈出，距尺许处，虚脚着地，逐步承受重心。（图3-102）

图3-101　　　　　　　　图3-102

【要点】

（1）上式"弯弓射虎"后，转身上步时坐身、撇脚，上腿要虚实分明，手脚同上。

（2）虚步式上实（拳）下虚，脚要保持松活之趣。

（3）身体转动，两手中一边化压，一边旋出，协调一致，由腰身带动而行，切忌分散。

第三十五式　独立搬捶

【动作】

1. 独立抱球

上动不停。重心移至左脚，身体前移直起略向左转，右手与右脚随身左转时，右脚提起呈左脚独立式，左手与右手在胸前划立圆，交叉过后，右手在下腹前，掌心朝上，左手在头前，两掌心相对，呈抱球状。（图3－103）

2. 进步搬拦捶

右脚与右手随身体左转而向左划弧而出，动作与第十九式进搬拦捶相同。（图3－104）

图3－103

图3－104

【要点】

（1）此势在进中上步，进中护化而击，重心变换虚实灵活，做到"迈步如猫行",速度均匀,呼吸顺畅,上下相合,脚手齐动,身正、步稳。

(2)步法和手法要随腰转动,搬拦时不可抬肘,右拳出去呈螺旋式,定式为平拳,虎口转身内,拳自然握实,意达所致。

第三十六式　如封似闭

【动作】

1. 开合搓手

接上式。右拳意往前出,随后往后收回,平拳由外旋转腕,渐变至掌,同时,左掌也意在拳上,先往拳背和腕处回搓,随后往前平掌推出,重心稍向后坐,成合手搓手之开抱式,两掌心相对。

2. 双揉封闭

接上式。在腰意带动下,抱球式之双掌慢慢合拢,并随着重心的前移而向前推按而出,两掌相对成竖掌,间距由大渐小,前手(左手)不超过左膝。(图3-105)

图3-105

【要点】

(1)此为典型的暗劲训练式,开合搓揉时要求神意气一致。

(2)注意重心随身体的细微变化,身正松肩坠肘,弧臂要符合要求。

（3）这是欲开先合、欲合先开的有开有合的训练，要注意分法、开合、明暗等劲。

（4）要认真体会右拳回收由拳变掌之势。

第三十七式　十字化手

【动作】

1. 侧架十字

接上式。腰身左转，重心渐至左脚，右手随身转之时，向前推过左手，并随左手向上掤起，至侧身十字架上手。（图3－106）

2. 十字分披

上动不停。腰身右转至马步中档，十字架手在面前，左右手各自分两侧划圆弧至腹前往下。（图3－107）

图3－106

图3－107

第三章 武当三丰太极拳三十八式（中级）

【要点】

（1）整套太极拳行架结束时，仍要心平气和，松活自然。

（2）气归丹田，头顶是意，中正不偏，两臂自然下垂，由动势回归到静势，气息神意渐至收敛。

第三十八式　天地合一

【动作】

回弧划一到面前，十字架手后下，气流丹田的动作与开头双手捧天、气流丹田相呼应，完成"天地合一"作结束式。（图3－108至图3－110）

图3－108　　　图3－109　　　图3－110

【要点】

如果连续练习两遍，可以由上述十字分披的动作变为太极预备式的气沉丹田，继续演练本套太极拳。如果即将结束，则在如封似闭到十字分披后，收回左脚，身体直立，然后气沉丹田，完成"天地合一"之结束式。

附录一 张三丰太极丹道修炼的体系

道家丹道体系分为两大部分：一是太极拳动功的部分，二是静功的内丹打坐、静修部分。动功可以说是健身、练养功力的部分，静功则是内练的部分。这两个部分具有不可分割的关系。

针对道教武当派祖师张三丰的道论和诗文，结合当前流行的太极文化现象，我们试深入分析热门的太极拳术作为道教内丹动功的原理与内丹修炼的多层关系。

张三丰的内丹道术是一个人体修炼健身的大系统，太极拳是其中一个子系统（动态的功法系统），静坐功（打坐修炼）是与其共同修持的相配功法（静态的功法系统）。道教内丹术与以武当等为代表的道家武术中的太极拳，不仅有相同的理论渊源（老庄思想、周易原理），而且有相近的操作要求（虚静、放松、沉稳、灵活），相似的内炼法诀（虚极静笃、先天元神），相一致的操练部位（上中下三丹田整而为一灵体，见图1），极具道家修炼学的内涵和文化价值。我们习惯把静坐养气、打坐炼丹称为内丹术，而将国术（武术）炼气的习练称为内功。

《张三丰全集》里对修道和练习内丹的系列方法、要求、心态、功法，乃至时间分配、静坐原理及人生修养都有很多论述。

人之生世。本有一无极，先天之机是也。追入后天，即成太极。故万物莫不有无极，亦莫不有太极也。人之作用，有动必有静。静极必动，动静相因，而阴阳分，浑然一太极也。人之生机，全恃神气。气清上浮，无异上天。神凝内敛，无异下地。神气相交，亦宛然一太极也。故传我太极拳法，即须先明太极妙道，若不明此，非吾徒也。

太极拳者，其静如动，其动如静。动静循环，相连不断，则二气既交，而太极之象成。内敛其神，外聚其气。拳未到而意先到，拳不到而意亦到。意者，神之使也。神气既媾，而太极之位定。其象既成，其位既定，氤氲化生，而谓七二之数。

太极拳总势十有三：掤、捋、挤、按、采、挒、肘、靠、进步、退步、左顾、右盼、中定。按八卦、五行之生克也。其虚灵、含拔、松腰、定虚实、沉坠、用意不用力、上下相随、内外相合、相连不断、动中求静，此太极拳之十要，学者之不二法门也。学太极拳，为入道之基。

太极拳是运用我国传统道家哲理、阴阳学说和五行八卦演变之法，结合人体系统的内外运行而形成的一种刚柔相济、动静相间的可用于健身防卫的优秀拳种。

明朝内家拳名家王宗岳得张三丰祖师真传，在建立太极拳拳学体系上有重大贡献，他著有《太极拳论》。相传，王宗岳以教书为业。他指出，太极拳有强身健体、延年益寿等作用。他在《太极拳论》和《十三势歌》中，强调了太极拳注重内外兼修的特点，富有哲理地阐述了太极拳注重意气运动的修炼方法。他告诫后学："详推用意终何在？益寿延年不老春！"这完全继承了张三丰的太极丹道思想和动静相间、性命兼修的要旨。

练太极拳应注重对下丹田的修炼。老子说"虚其心，实其腹"，这"腹"便是下丹田，下丹田通称"正丹田"，也正是位于太极拳"命意源头在腰隙"之腰腹部位中。故有拳经云："抓住丹田练内功，哼哈二气妙无穷。"丹田乃"积精累气"之所，《胎息经》所言的胎息和丹田呼吸也指的是此部位。现代人体力学认为，这是人体重心所在，气藏丹田，既可稳固重心，又可培养真气，促进内分泌，太极门人称此为"太极点"或"太极核"。这个太极拳运动的轴心——太极点,为人体真气、健康和体力之中心,是神经系统、呼吸系统、消化系统等主要系统的中心枢纽。下丹田的精气通过带脉穴向外散射至全身经脉,分达腰的四周,经上扩至心间,通达大脑中枢与上、中两丹田,向下到达会阴,并通达两腿与脚跟,至涌泉穴。修炼家认为,正丹田是藏精之府,宜在此筑基和炼精化气。精是指人体的内分泌腺特别是性腺的分泌物,是人体内的精华物质,现代医学上称"激素"(荷尔蒙)。这种激素进入腺体周围的毛细血管,随血液循环到身体各处,以调节身体的生长和发育、物质代谢和组织器官活动。按照"炼精化气"的原理,它可以转化为"真气"。太极拳通过走架或站桩以及"刻刻留心(意)在腰间"等各种动作,把下丹田的根基扎好,使丹田之气(真气)强大充盈。一旦下丹田之气炼成,内气可收可发,收时内气紧凝于腹脐之间成"丹",发则气随意起,力从气注,五脏六腑、四肢百骸,无所不至,用于技击当中,随意运转,发至身体所需部位,威力强大。

太极拳的整体发劲有"力由脊发"之说,实际上,这是依靠中丹田来传递的。如果说下丹田是人体的发电场和核能库,那么中丹田就是人体力量的中转站,因为上肢发力,下肢的作用力及腰胯的力源必须通过这个中转站。

通过太极拳修炼下丹田,是道教内丹修炼中最基础的,现在大多数太极拳师都注重修炼下丹田。能够把下丹田炼得不错,就做到第一步。第二步是通过太极拳修炼中丹田,当神、气、精、力、劲都能随心所欲,便是修炼到位了。向外发放是太极拳功夫的外在体现,向内就是太极内丹功的积累。第三步就是上丹田的修炼,这要靠多静少动的打坐养气修炼才能逐步提升。三丹田整体合一的道教内丹术修炼就是这一个过程。上丹田的修炼是炼神还虚,又叫"炼虚合道"。上丹田(两眉之间的印堂穴,与玉枕穴相对，在百会穴与会阴穴垂直的相交线上）是藏神之府，是炼神还虚之舍。

三丹田练成一体，则神意、气力合一，能发挥人体先天的潜在功能。内丹功若能够炼到此境界，太极拳内功则出神入化，力量无穷。

我们要全面提升太极拳的功力，还是要靠静功坐练和站桩的内动和意动来实现。所以说，太极拳只是内丹术的配套动功，动静合一才是修炼内丹术的最好功法。

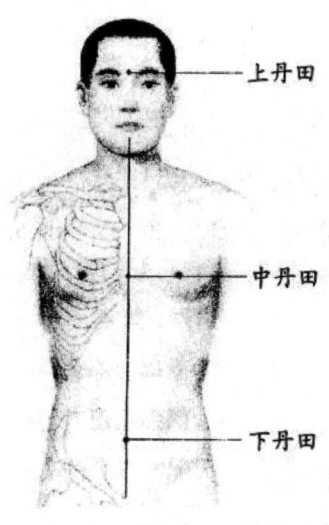

图1　三丹田

附录二 太极拳与内丹术的溯源

当代畅行的太极拳风格流派可分为陈式、杨式、吴式、武式、孙式、赵堡（和式）、武当太极拳。对于武当太极，其既是道门太极，也是民间传承的泛太极拳类。至于太极拳的源流问题，虽不能一言而尽，但其中一些观点已逐步得到认同：道家思想是它的理论基础，道教内丹功是它的功力源泉。太极拳被正式定名与清末翁同龢的诗文有关，但因清代避讳"皇太极"等众多因素造成张三丰传太极拳之说被湮没。

对于功法上所谓的秘法宝典、绝招功夫，本人认为，这些没有文字依据。传说中有秘传功法和功效也是通过道友们的口口相传得知的，我们并没有见过隔空发力、法力制动等神奇功力。就算是武当山的朱诚德、李诚玉，终南山的刘诚喜，华山的李静甫等老修行的功夫，他们也只是打坐到很高的境界，但功力境界和实证效果都不是那么完美。老一辈修行者因时代局限，断代严重，加上文化程度不高，特别是在道门秘传而不记文字的传统（道不通六耳）下，要验证太极拳是道教内丹功的配套动功除了要得到老修行在功法上的传承外，还需要体悟旁证。

除了武当道教张三丰等系列传承，太极功法的传承与道门另一支金山派也有关。有这样一个传说：孙玄清原本是山东寿光的一名瞽目僧人，后来听说崂山道士徐复阳也曾双目失明，但经过艰苦修行，20年后双目复明。于是孙玄清来到崂山明霞洞，改释从道。当时著名的高道张三丰恰好就在那里修行，便收他为徒，对他进行传授与点拨。经过长时间的刻苦修行，孙玄清的双目终于复明。明嘉靖三十七年（1558），世宗皇帝知道此事后，召孙玄清进宫，敕封他为"护国天师府左赞、金山子海岳真人"，令他"掌管真人府事"。孙玄清由此开创了全真道教龙门派下的一个支派——金山派，崂山明霞洞也因此成为金山派的祖庭。目前，辽宁千山、山东崂山和泰山等风景区的道教庙宇多属于金山派。近现代道教金山派的弟子多在尚武氛围浓厚的北方活动，其中，北方传承的赵避尘成了近代最有影响的大师，其弟子遍布各地。有一种说法是，杨氏太极拳传人、河北邢台大石头村人张钦霖（1887—1969）于1906年佣工于杨建侯家，得杨建侯亲授功法，后又拜金山派（金丹派）左一峰为师习内功吐纳术、太极拳，后长期传艺于太原。太原解放前夕，其弟子王延年去我国台湾谋生，将杨派张氏太极拳传于我国台湾等地。山西榆次人胡耀贞（1897—1973）曾拜张钦霖为师习太极拳和内功。中华人民共和国成立后，胡耀贞创"胡耀贞气功"，传艺于北京等地，部分拳师将胡气功融于所习的太极拳势之中，至当代仍有流传。追根溯源，该传承出于张钦霖一派。有关资料显示，张钦霖于1960年随女儿、女婿归隐于邢台地区宁晋县郝庄村，1969年谢世。这是内地近年来对太极内功与金丹派联系的考证和记载。对于太极功法的阐述，权威的书籍是《道藏辑要》和《道藏精华录》（我国台湾地区版）。1991年由中国人民大学徐兆仁主编的"东方修道文库系列"之一《张三丰太极丹诀》，是新中国成立以来内地最早正规出版的对太极功法的论述。

我国台湾的太极拳弟子们深受张钦霖等先生的影响，他们记载和证明了张钦霖的内功除了得到杨健侯的传承外，还融合了道家金丹派的功法。张钦霖先生习得道家功法后，把内功心法与太极拳融为一体，功夫大进。可见，太极拳架学到一定程度的时候，融合道门内功便有助长功夫之效。其实，杨家太极拳体系中

附录二 太极拳与内丹术的溯源

本来就包括内功心法，行拳时除气沉丹田外，通大、小周天也是其修炼追求的目标。其内功有桩功、静坐、八段锦等等。

"吞天之气，接地之力，寿人以柔"是现代太极拳宗师郑曼青提出的方便法门。他在《郑子太极拳十三篇》中指出："唯此三语，在人身亦为三才。得天之气，则位于上之巅顶泥丸宫一内，可以增长其灵气。下则为地，接地之力，则足底心之涌泉要穴，可以增长其根力。中为腹部之丹田要穴，在腰线间，得能专气致柔，则腰若活泼泼地，则肾气自足。寿能增加也。"

附录三　太极形神兼修之道

中国太极文化源远流长，体现了老子《道德经》"万物负阴而抱阳，冲气以为和"的理念。张三丰等道教修炼人士提倡和注重神形修炼，传承乃至衍生了很多太极功理功法，时下流行的太极拳就是形神兼修的代表功法。下面，笔者将结合张三丰丹道体系的武当太极拳来解读太极形神兼修之道。

一、太极健身的思想源流

（一）太极的定义

作为中国哲学名词的"太极"一词，最初见于《庄子》（《庄子大宗师》中描述道的状态："在太极之下不为高。"），再见于《易传》（"太极生两仪，两仪生四象，四象生八卦"之说）。太，意为极大；极，意为极致且充满变化，物极则变。"太极"描述了万事万物包含阴阳两方面，而又是整体统一的现象，体现的是"无为而无不为"的"道"的概念。时下流行的太极拳就是以术演道，以技阐道。在诸多道家功法中，尤以周天功、内丹术最为著名，而当下流行的太极拳就是太极丹道的动功。道家的养生功法体现了动静结合、神形俱炼，达到形神俱妙、性命双修的境界。

道家练功之道遵循"道法自然"，依照人体与天地自然同应的理念,在功法上创出了诸多导引术,如易筋经、五禽戏、六字诀、八段锦、太极拳、内丹术等等。天地之所以长久者,不是因为有为自生,而是自然而然,健身要遵从自然之性。道家始祖老子提出了"万物负阴抱阳,冲气以为和"① 之说,这引出了"天地长生"的养生理论。所谓"一阴一阳之谓道",性命、神形、内外、长短、动静、虚实、快慢等均体现阴阳属性。健身方法虽然种类繁多,但无论哪种方式都要遵从内外合一、形神兼修之理。

(二)动作与呼吸的协调

现代科学研究表明,动物通常可以活到其发育成熟期的 7 倍,人类却只有三四倍,其原因在于呼吸方式的改变。婴儿出生前为胎息,呱呱坠地之后便转为腹式呼吸,自学步起便转为胸式呼吸,从而大大地限制了人的肺活量,影响了人的机体的强健程度。练习太极拳要求气沉丹田,采用腹式呼吸等方法,使之深、长、匀、细,日渐扩大肺活量,夯实身体健康的根基。练太极拳要使周身放松,全身运动,以意导动,气达四梢,内气运行无处不到。这不仅能使身体大动脉畅通,还能避免毛细血管过早老化,有利于防治血液循环类疾病。现代社会的物质生活水平不断提高,空调、电扇的使用虽能令人免受寒暑之苦,却又使人皮肤保暖、散热的功能下降,汗腺闭塞,皮肤的通透性变弱,有害物质得不到及时排泄,新陈代谢失调。练太极拳可谓"一动无有不动",练拳者在外形肢体、手脚并用的开合收放中使肌肤膨缩、毛孔张闭,一套拳下来汗腺通畅,使新陈代谢得到平衡。人体的老化,最先发于神经系统的衰竭,人体有十万余条神经,关系着各个器官的功能。人面部松弛起皱、头部脱发,均源于细胞

---

① 老子《道德经》第四十二章。

再生神经功能下降；耳聋眼花，源于视听神经功能下降；腿脚不灵便，源于运动中枢神经老化；等等。而太极拳强调以意识引导动作，上下相随，协调完整，能活跃神经中枢的指挥系统，增强神经的灵敏性，延缓神经系统的退化，而且在慢练中，配合内在的意识引导与呼吸，能达到更好的健身效果。太极内丹功法对呼吸的要求更高，采用的是体呼吸和胎息法。

太极拳运动讲究呼吸与动作配合，人体通过肌肉的收缩与舒张使胸部和腰部的肌肉和筋膜的张力增加，通过均匀细长的呼吸使腹部的压力增大，这样能大大提高躯干和腰椎的稳定性。在练习盘架子的过程中，通过动作与呼吸的配合可达到加固腰椎的效果。著名太极拳理论大家李亦畬在《五字诀》中指出："呼吸通灵，周身周间，呼为合为蓄，呼为开为发。盖吸则自然提得起，亦拿得起人，呼则自然沉得下，亦放得出人。此是以意运气，非以力使气也。"由此可知，练太极拳的呼吸是内在的、用意念导引的丹田呼吸。丹田呼吸与口鼻呼吸并存，太极拳的呼吸体现为内在的"开合"。太极拳的呼吸是动作与呼吸互相配合的拳式呼吸，当动作为合、为蓄、为虚时吸气，当动作为开、为发、为实时呼气。这样内外相合，能够使人体横膈膜上升和下降的幅度加大，肺通气增加，促使练拳者行拳时发出的力量更大，与此同时，通过气沉丹田能增加身体的稳定性。

（三）太极拳的保健作用

道家修炼的外丹趋向为内丹，以及宋代"理学""道学"融入体学、生理学、力学、内丹学于一炉，为我们今天的太极拳奠定了基础。太极拳用意用力于四肢，力显在外；而内丹术则侧重于更高的内炼和升华。

附录三　太极形神兼修之道

"欲令天下豪杰延年益寿，不徒作技击之末尔。"① 道家内丹术与武当武术中的太极拳，以丹田内精、气、神的运功作为内炼，以"八门五步十三势"作为外形拳架操练，达到"炼成丹田混元气，走遍天下谁能敌"② 的效果。太极拳通过动与静、虚与实、开与合、吞和吐、刚与柔、攻与守、奇与正、上和下、前与后、左与右、进与退等"阴阳"的交替，使身体经络疏通和肢体协调，达到身体内外均得到锻炼的效果。太极拳缓慢、柔和的动作，能改善人的情绪，使大脑得到充分的休息，并可加强神经系统对其他系统及器官机能的调节，从而有助于记忆力、反应力、判断力、思维力的提高。科学研究表明，人的大脑皮层有140多亿个细胞，一生中起作用的只有10%左右（左脑居多），约90%的脑细胞（右脑居多）尚待开发。太极拳相对平衡的交替肢体运动，能使大脑中大片荒芜的处女地得到开发，提高大脑的利用率，或许能给我们的健康和长寿带来意想不到的奇迹，降低脑中风发生的概率。总之，太极拳对人体的中枢神经系统、心脏机能、消化系统、肺及呼吸系统、内分泌系统等都能起到改善和增强作用，能预防和治疗很多慢性病，其理念和招式的结合与反复练习，使其对现代生活的"富贵病"——高血压、糖尿病、颈椎炎、肩周炎等都有很好的预防和改善效果。

二、太极拳形神兼修的修炼路径

内丹术和太极拳体现的是一静一动，一内一外，可互相结合进行修炼。人们练习太极拳时，要放松情态，中正形体，头正眼平，动作协调，身手同动，在意识的支配下，能够达到一种精气神高度和谐统一的状态，使精气神在体内凝聚融合成能量，进而

---

①　[清] 王宗岳等：《太极拳谱》，沈寿点校考释，人民体育出版社1991年版。
②　[清] 王宗岳等：《太极拳谱》，沈寿点校考释，人民体育出版社1991年版。

充满活力。太极拳可作为内丹功的辅助性动功,内丹功功法以静为主,讲究筑基或炼精化气、炼气化神、炼神还虚、炼虚合道。太极拳和内丹功行功,其筑基和炼精化气的部位都在人体的下丹田,炼气化神的部位在中丹田,炼神还虚的部位在上丹田。

老子曰"虚其心,实其腹"①,指的正是太极拳行功的正丹田,拳经云:"抓住丹田练内功,哼哈二气妙无穷。"丹田乃"积精累气"之所,《胎息经》所言之胎息和丹田呼吸也指此部位。气藏丹田,可培养真气,增强内分泌,促使人体康健。修炼家认为正丹田是藏精之府,在此筑基和炼精化气可增强人体的精气神。太极拳通过走架或站桩以及"刻刻留心(意)在腰间"②等各种形体、动作锻炼,把下丹田的根基扎好,能使丹田之气(真气)强大充盈。人体一旦下丹田之气充盈,则内气可收可发。收时内气紧凝于腹脐之间成"丹",发则气随意起,随意运转,发至身体所需部位。太极拳的"丹田内转"以及由此带动腰、胯、手、足上下协调旋转而增强的内功力,是太极拳和内功修炼所追求的境界。

三、习练太极拳有助于培本固元

习练太极拳强调放松和中正,人们可微微闭合双眼,想象自己是在大自然的环境之中,与大自然轻轻地对话、静静地交流,达到一种恬淡虚无的境界,无拘无束,动作自然,处于一种无为状态,体悟圆通的无碍妙境,让人体会到任何事情都要看得开,想得通,胸怀豁达。

习练太极拳,动作强调旋膀转腕,撑裆开胯,伸筋拔骨,缠绕折叠,经常练习不仅能增强筋肉骨骼的柔韧性,内劲、内气的

---

① 老子《道德经》第三章。
② [清]王宗岳等:《太极拳谱》,沈寿点校考释,人民体育出版社1991年版。

附录三　太极形神兼修之道

运用也能使内脏的弹性增强，从而延缓机体的衰老。不少研究表明，经常练习太极拳能增强血管壁的弹性和维持血管运动神经的稳定，使血液循环处于良好的状态，并且能增大肺活量，增强心肌营养，预防和延缓心脏疾病的发生。屈膝含胯形式的拳架练习，可以有效地增强人体下肢力量，提高平衡能力，在一定程度上降低老年人摔跤的概率。

从康养的角度看，太极拳集技击、健身、哲理于一身，动作松静自然，气沉丹田，呼吸深、长、匀、细，以虚灵之心，养刚正中和之气，达到培本固元之效果。太极拳讲究和顺，把人生修为融贯于悠悠运动之中，陶冶人的性情，从而实现身与心的健康协调。

后　记

太极拳及其文化，如今已在全球范围内广泛流行。西方人李约瑟的《中国古代科技史》中提到：太极拳与一个叫张三丰的道士有关。当代，许多国家成立了太极拳协会、俱乐部和培训机构，吸引了大量爱好者。太极拳不仅在中国，还在美国、欧洲、东南亚等地成为受欢迎的健身方式。太极拳因其健身的效果而得到了人们的认可。其柔和的动作和对身心的双重调节作用，已被证明为一种有效的健身方式，并得到了广泛认同。世界卫生组织（WHO）也推荐大众练习太极拳，认为其作为促进健康的运动之一，对增强人体自身免疫力较为有效。研究表明，太极拳对改善心血管健康、增强免疫力、缓解慢性疼痛、减轻焦虑和抑郁等方面都具有积极作用。太极拳作为中国文化的象征之一，成为中外文化交流的重要桥梁。通过太极拳，许多外国人开始了解中国的哲学、医学和传统文化。国际太极拳比赛、表演和文化节等活动促进了不同文化之间的互动交流，也促进了其作为一项全球性运动的发展。当下，太极拳逐渐进入全球的教育体系，许多大学开设了太极拳课程，太极拳作为体育或文化研究的对象，涉及哲学、医学、体育科学等多个领域。

太极拳通过影视作品和其他媒体传播进一步扩大了其国际影响力。许多功夫电影都展示了太极拳的魅力，如李安编导的《推手》和李连杰等主演的《太极张三丰》等，引发了全球观众对太极拳的兴趣。

后 记

本人40多年来专业研修道教太极拳及其文化，1999—2003年连续6次出国推广太极拳，德国《太极与气功》杂志曾发表了我的文章《太极拳是道教适应时代的最佳途径》，文章指出，太极拳与道家万物负阴而抱阳、冲气以为和、守中抱一等理念，以及"以柔克刚""无为而治""道法自然""阴阳平衡"等思想紧密相连。太极拳的动作柔和、缓慢，体现了道教文化的"清静""不争"，以及对自然和谐的追求。实例表明，太极拳通过动作、呼吸和意念的结合，可以达到强身健体、延年益寿的效果。太极拳作为一种内外兼修的武术，通过健身与修炼的结合不仅能增强体质，还能调节心理，帮助修炼者达到身心平衡，这与道教"性命双修"的理念相契合。道教的科仪演绎、法术修炼都与太极拳形影相似。我在《武当三丰太极拳》一书中，较为详细地论证了道教与太极拳在多个层面的关系。太极拳的动作既体现了道教文化，如"无极""太极""阴阳"等概念，也体现了道教对宇宙和生命的理解。所以，太极拳既是传统武术的重要组成部分与典型代表，也能体现道教武术文化中强调的内外兼修——内执丹道，外显金锋，由内及外，内外合一的状态。

本人借助道教宫观——新会紫云观平台推广武当太极拳以来，不仅致力于为全民健身服务，也促进了紫云观道观文化的发展。我们通过培训学员，组织成立武当武术表演团队，不光多次受邀参与不同类型、各种活动的仪式及演出，还在当地——江门市隆重举行"龙泉杯"新会武当三丰太极拳汇演，在社会各界的支持下，让武当太极走进社区、企业、学校，走向社会。2004年成立"太极健身文化中心"；2006年成立"新会紫云观武当武术俱乐部"；2007年开始，每年和香港道教学院联合举办培训班，2013年成立"香港武当三丰太极联谊会"。至今，紫云观太极团队已参加了10次大型国际联谊会比赛。从2002年开始，每年均参与由澳门道教协会举办的"道教文化节"武当武术及太极表演。并且，我们连续多年参加国内及省级武术锦标赛等比赛活动，均取得佳绩。2023年，"紫云观武当太极拳"成功入选新会第八批非物质文化遗产。

另外，我们新会紫云观在社区、公园、机关单位和学校等地组织开展免费的太极拳练习活动，让更多人亲身体验了其能带来的益处。

本人研修道教太极拳数十年，适逢盛世，再版新书。我们将继续大力弘扬《道德经》的人文精神、太极拳的健身价值，以及道教文化的艺术魅力，为社会文明的进步添砖加瓦。

刘嗣传

2025年4月8日